名师名校名校长

凝聚名师共识
回应名师关怀
打造名师品牌
培育名师群体
　　　　顾明远题

师说数语

SHI SHUO SHU YU

YIWEI XIAOXUE SHUXUE JIAOSHI DE SI YU XING

一位小学数学教师的思与行

孙鲁 / 著

东北师范大学出版社

长 春

图书在版编目（CIP）数据

师说数语：一位小学数学教师的思与行 / 孙鲁著
. 一长春：东北师范大学出版社，2022.5
ISBN 978-7-5681-9046-6

Ⅰ.①师… Ⅱ.①孙… Ⅲ.①小学数学课—教学研究
—文集 Ⅳ.①G623.502-53

中国版本图书馆CIP数据核字（2022）第082066号

□责任编辑：石　斌　　　　　□封面设计：言之凿
□责任校对：刘彦妮　张小娅　□责任印制：许　冰

东北师范大学出版社出版发行
长春净月经济开发区金宝街 118 号（邮政编码：130117）
电话：0431-84568023
网址：http：// www.nenup.com
北京言之凿文化发展有限公司设计部制版
北京政采印刷服务有限公司印装
北京市中关村科技园区通州园金桥科技产业基地环科中路 17 号（邮编：101102）
2022年5月第1版　2022年7月第1次印刷
幅面尺寸：170mm×240mm　印张：17.75　字数：235千

定价：58.00元

第一篇　教有所得

第二篇　研有所思

第三篇　听有所感

第四篇　学有所获

第五篇　读有所悟

第一篇

1

教有所得

多训练自己的"CPU"

在教学四年级"计算器"一课时，我告诉学生将计算器比作人类生活的好助手，它具有快捷、方便、高效的特点。

在《挑战不可能》节目中，也有同学比计算器算得还快、还准。我希望同学们多训练，提升计数、计算能力，多用自己的"CPU"——大脑，挑战不可能。课后，我通过了解发现，电子计算器具有体积小、质量轻、便于携带、运算速度快等特点。我之前可能只关注了它使用的便捷性，没有考虑到其他的特点，其实应该给学生一个完整的认识。

在练习时，我要求学生做到书写美观、整洁、大方，尤其是在书写大方方面，因为很多学生都愿意将算式挤在一起写，如111111111×111111111=12345678987654321。但这道算式按照脱式来写比较好，既大方又美观。学生的书写习惯必须坚持训练和培养。

按"程序"计算

数学课上，我讲任选一个非零的自然数进行一系列计算（见图1-1）时，询问学生：你发现了什么？

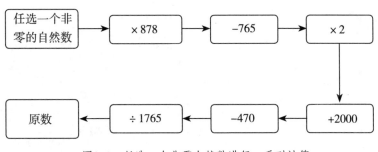

图1-1　任选一个非零自然数进行一系列计算

学生的回答妙语连珠，非常富有想象力。有的说经过一系列的"过程"，有的说"程序"，有的说"环节"，有的说"模式"，还有的说"顺序"……我及时抓住学生的精彩回答并进行评价与追问："说得很形象，你能明白它的意思吗？谁能再来说说你的发现？"我这里的追问，包含了三层意思：一是对学生的回答给予积极的肯定，二是关注其他学生是否在认真倾听，三是鼓励学生积极表达自己的想法。由此充分体现了以学生发展为本，尊重学生发展的差异性，正如《普通高中数学课程标准（2017年版）》中所要求的：会用数学眼光观察世界，会用数学思维思考世界，会用数学语言表达世界。小学数学教学在观察、思维方面做了很多有益的尝试，但在培养学生语言表达方面相对薄弱，所以我希望通过一连串的追问培养学生的数学语言表达能力，使其学会使用数学的话语体系，从而彰显数学的文化价值与魅力。

画图助力想象

习题课该怎样上呢？在上《用字母表示数》的习题课时，学生发出了感叹，直呼画图太好了，感觉有了图可以很好地理解题意，有种事半功倍的感觉。到底怎么回事呢？我们来看看。

第一题：一根长a米的绿绳（画了一条线段），一根红绳是蛇形放置的（画了三段又多了2米），问：红绳长多少米？（见图1-2）

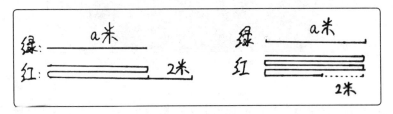

图1-2　第一题示意图

学生借助图形很容易地看出红绳是绿绳的3倍多2米，进而列式为：3a+2。

我突然想到，如果只借助语言描述改变条件，学生会想象出图形吗？于是我说："同学们，下面我们继续想象，如果绿绳还是a米，红绳是这样的（见图2示意图），那红绳是多少米呢？看明白的同学自己在练习本上画一下草图。"

学生依据看到的试着画了下来，发现红绳是绿绳的4倍多一些，也可以说是5倍少2米。到底哪个数量关系可以解答这个问题呢？小组进行讨论交流，最终根据图中信息发现红绳是绿绳的5倍少2米，列式为5a-2。

第二题：解答大坝高度的问题。

黄河小浪底水力发电站大坝高154米，水面到坝顶的高度是x米，问：大坝水面以下的高度是多少米？

由于学生对大坝不太了解，所以有一部分学生读不懂题目的意思，因此我鼓励学生用画竖线段图的方法来研究。通过画图和讲解，学生很清晰地发现154米的大坝分为上下两部分（见图1-3），上边为x米，下边就可以用算式表示为：154-x。

154

图1-3 大坝

第三题：一列磁浮列车的速度是7千米/分钟，进站前，平均每分钟减速a千米。5分钟后，列车速度为多少？

学生对此题的理解甚有难度，难度在于：一是没有具体的数据，不知道怎么回事；二是不会找数量关系，无从下手；三是不理解每分钟减速的含义。

基于此，我画图如下（见图1-4）：

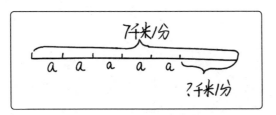

图1-4 线段图

学生可以很容易地从图中看出一共是7千米/分，5分钟共减速 $a+a+a+a+a$ 千米/分，也就是5a千米/分，还剩的部分（也就是线段图的最右边）为7-5a千米/分，就是现在的速度。我鼓励学生结合线段图说说数量关系：原来的速度-5分钟所减的速度=现在的速度，帮助学生形象地理解了数量关系，突破了难点。

最后，我借助我国著名数学家华罗庚说过的话来结束全课。"同学们，今天我们用画图的方法很好地解决了问题，这正是数形结合的魅力所在，正如我国著名数学家华罗庚所说：'数缺形时少直观，形少数时难入微；数形结合百般好，隔离分家万事休。'希望同学们在遇到困难的时候，采用数形结合的方法帮我们渡过难关，走向成功的彼岸。"

厘清概念，归纳总结

　　"用字母表示数"是代数知识的起始课，该怎样学习呢？在学习用字母表示数时，我首先领着学生复习了什么是周长、什么是面积；接着总结了长方形和正方形的周长和面积公式；最后鼓励学生用字母表示公式。基于学生学习的习惯和思考的路径，我采用了"先画图—再公式—后字母"的教学程序，打破了教材的编写顺序，效果很好。在这里，我有以下几点思考。

1. 先画图

（1）关于周长

　　我先画出长方形、正方形，指着顶点，启发学生思考："假如有一只训练有素的小蚂蚁从长方形的一个顶点出发，怎样走才算走完了长方形的周长？"我让一名学生上台用手指一指，顺势在四条边上画出行走的箭头，学生发现周长必须是封闭的、首尾相接的，也就是小蚂蚁从起点出发，走了一周后又回到了起点，才算走完了长方形的周长。我又画了一个不封闭的长方形，问："这个图形有周长吗？"学生发现这个图形只有长度，没有周长。最后我鼓励学生自己伸出手指一指正方形的周长，进而发现周长是封闭图形一周的长度，从而使学生理解了概念的内涵。

（2）关于面积

我邀请一名学生上台指一指长方形的面积，他伸出了一根手指来表示。我故弄玄虚地问："能不能用多个手指指一指面积？能不能用手掌表示？"进而鼓励他用粉笔描出来，涂上了阴影。我笑着说道："表示得很好，通过涂阴影的方式让我们看到了长方形的面积，眼见为实呀。能不能给同学们指一下手掌的面积？哪个面积大呢？"他很聪明地用手指摸了摸自己的手掌，然后又将手掌和黑板上的长方形放在了一起，比较出了面积的大小。全班同学都给他掌声鼓励。这个掌声既有对这位同学勇气的鼓励，更有对他思维和操作到位的鼓励。正是在探究比较中，学生理解了面积的含义，突破了难点。

2. 再公式

有了对周长和面积的理解，学生通过回忆试着写出长方形和正方形的周长公式、面积公式，并让他们与同桌相互交流是怎样求得的。可以说，厘清了周长和面积的本质，使对两个图形的文字公式的理解变得简单了很多。

3. 后字母

在这里，有了文字的表达式，采用对号入座的方法，用 C 表示周长，S 表示面积，a 表示长，b 表示宽，放手让学生自己分别书写出长方形的周长和面积的字母表达式、正方形的周长和面积的字母表达式，解决了本节课的教学重点。

有了对核心概念的理解，弄清了教学的起点，不做无用功，新的问题也会迎刃而解，提高了课堂教学的效率。

利用加法运算律进行简算的小秘密

我在数学课上教授了加法运算律，帮助学生认识了加法结合律和加法交换律。认识规律不难，难的在于如何用运算律进行简算，简算里面的难点在于一个数加（或减）另一个接近整百数的数。这里有些经验想跟大家交流分享。

1. $a+b$ 类型

（1）$a+b$，b 接近整百数，略小于100

例题：256+98。

思考：观察算式中的两个加数，发现98比较特殊，它离整百数100比较近，相差（少了）2，这道算式有两种解法：其一，将98拆分，即98=100-2，简称"拆分法"；其二，如果加100，结果多加了2，所以应该再减2，简称"多加几就减几"。综合考虑，最后的算式都应该是256+98=256+100-2=354。

（2）$a+b$，b 接近整百数，略大于100

例题：259+202。

思考：观察算式中的两个加数，发现202比较特殊，它离整百数200比较近，相差（多了）2，这道算式也有两种解法：其一，将202拆分，即202=200+2，简称"拆分法"；其二，如果加200，结果少加了2，所以应该再加2，简称"少加几再加几"。综合考虑，最后的算式都应该是259+202=259+200+2=461。

对比这两类题型，我们会发现，数虽然有区别，但是在解题方法上却有很大的相似之处。

2. $a-b$类型

（1）$a-b$，b接近整百数，略小于100

例题：256-98。

思考：观察算式中的两个加数，发现98比较特殊，它离整百数100比较近，相差（少了）2，如果减100，结果多减了2，所以应该再加2，简称"多减几就加几"。所以，256-98=256-100+2=158。

（2）$a-b$，b接近整百数，略大于100

例题：259-102。

思考：观察算式中的两个加数，发现102比较特殊，它离整百数100比较近，相差（多了）2，这道算式有两种解法：其一，将102拆分，即102=100+2，减去两个数的和，等于连减，259-102=259-（100+2）=259-100-2=157，也简称"连减法"；其二，如果减100，结果少减了2，所以应该再减2，259-102=259-100-2=157，简称"少减几再减几"。

对比这两类题型，我们会发现，数不同，解题方法也不同，应注意区别。

同样是简算，要根据数的特殊性和运算符号的不同加以区别，要因势利导，积极践行"一看，二想，三计算"的方法，采用不同的简算方式，灵活地解决问题。

小数的进阶认知

学生在三年级已经初步认识小数了，四年级是在初步认识小数，知道了一位小数的意义的基础上进行开展的，重点理解什么是小数，两位小数、三位小数等所表示的意义，小数的计数单位和数位，小数的数位顺序表等知识。

课堂上，学生对0.2、0.05、0.365的意义说得比较明白：0.2表示十分之二，0.05表示百分之五，0.365表示千分之三百六十五。我顺势问：1.25表示什么意思呢？有学生回答百分之二十五，有学生回答百分之一点二五，只有一名学生回答百分之一百二十五。问题出在哪？因为在这里存在一个思维障碍，即从小数到整数的变化，从纯小数到带小数的变化，学习能力弱的学生可能思考不到位。该怎么解决呢？启发思考：100个0.01是1，很少有人追问200个0.01呢？300个呢？325个呢？回到1.25上，首先应明确相邻两个计数单位的进率是10，接着可以将1.25分成两部分：整数部分1和小数部分0.25，也就是1.25=1+0.25，0.25表示$\frac{25}{100}$，1呢？这是难点所在，1是100个$\frac{100}{100}$，即1=$\frac{100}{100}$，最后合在一起：$\frac{100}{100}+\frac{25}{100}=\frac{125}{100}$，表示百分之一百二十五。另外，对小数意义的表达需要结合具体问题来确定，如孩子在完成"45.68由多少个10，多少个1，多少个0.1和多少个0.01"这个问题时往往能够正确解答，但如果问"45.68由多少个1和多少个0.01组成"时，许多孩子就会出错，如有的孩子仍然写由5个1和8个0.01组成——这是一个比较普遍的错误，我认为是孩子受前面问题的负迁移所致，他们对问题的理解受到了影响，只是答了多少个1和多少个0.01。其实这里需要进行转化，把没有问的40转化成40个1，没有问的0.6转化成60个0.01，不但要增加转化的思想，还要明白为什么转化——你所拆分的数合起来的和要不变。

这其实也是教学的难点，主要是学生对纯小数的认识已根深蒂固，但是对带小数的理解还需要强化，主要借助对比、推理，从根上找原因、弄清道理，进而归纳出带小数的意义，突破难点。

对常见错题的辨析与思考

有一次，我与一位教师交流，提及学生似乎什么都会，但每次考试总有差错，不是计算出错，就是因丢三落四，对出错的题似乎也都理解——这不稀罕，许多学生都有这样的经历，在他们对知识掌握得并不深刻的时候，运用起来特别是考试的时候就会出现这样或那样的错误。

基于此，我对考试之前练习中容易出错的问题重新进行了思考，以提醒学生在考试中慎重思考、认真答题。分数不是最重要的，最重要的是如何解答问题，如何将平时的练习、思维运用到考试之中。以下是具体的问题。

1. 计算

计算出错很常见，几乎每个学生都会出错，但有些错是因为"上当"而出错，如口算：$0.48 \times 0.2=$ ； $0.2 \times 0.3=$ ； $0.3^2=$ ； $0.98-0.8=$ ； $10-0.32=$ ； $6 \times 0.5 \div 6 \times 0.5=$ ； $0.25+3.25-0.25+3.25=$ 。

（1）口算练习中的常见错误

$0.48 \times 0.2=0.96$，$0.2 \times 0.3=0.6$，注重了整数口算，忽视了小数位数，正确答案分别是0.096、0.06。

$0.3^2=0.9$，想到了三三得九，因为是平方的格式，学生会忽视小数位数，结果应是两位小数0.09。

0.98−0.8=0.9，心理诱导，主观上想简便，应该根据计算法，即相同数位对齐计算，结果应是0.18。

10−0.32=0.68，同样是审题不清，心理因素，误当成1−0.32=0.68，退位出错，正确答案为9.68。

$6×0.5÷6×0.5=1$，$0.25+3.25−0.25+3.25=0$，这些都是比较常见的错误。前者学生会先乘后除，得到1，而正确解答是从前向后依次计算，亦可乘除抵消，得$0.5×0.5=0.25$。后一道题错因大致相同，学生会先加后减，也有学生直接看减号前后算式相同就得到0，正确答案是6.5。

（2）笔算计算中比较容易出错的题

10.36−3.6=　　，学生会错误看成末尾对齐，正确解答是相同数位对齐，得数是6.76。

$0.76×2.08=$　　，本题部分学生会在列竖式时出错，错因不是对算法不理解，而是在列竖式时将0.76放在上面，而把2.08放在下面，用2.08去乘0.76，乘的过程第一步正确，第二步时就会因为0不参与计算而实际算成了2.8乘0.76，建议遇到此类计算时一定要注意将2.08放在竖式的上面，这样乘更简便，也不容易出错。

$9.72÷0.24=$　　，本类型题出错较多，许多学生在列除法竖式时，将原式转化为972÷24，第一步十位商4也正确，但接下来将后一位2移下来与前面的余数1合成12时不够商1。此时正确的方法应该是先商0，然后再点小数点及在12后面添0。这时学生会出现两种错误：一是先添0商5后，再在商末尾添0；二是直接忘记商中间的0。正确答案是40.5。

（3）简便计算中的错误

$1.25×3.2×2.5=$　　，本题属于运用乘法结合律简算的典型题目，许多学生都能正确解答，但也有部分学生会出现如下错误。

$$1.25 \times 3.2 \times 2.5$$

$$=1.25 \times 8+0.4 \times 2.5$$

$$=10+1$$

$$=11$$

正确的解答应该是将3.2拆成8×0.4，本题主要运用了乘法结合律：

$$1.25 \times 3.2 \times 2.5$$

$$=（1.25 \times 8）\times（0.4 \times 2.5）$$

$$=10 \times 1$$

$$=10$$

$5.8 \times 0.99=$　，这一类题学生都知道是利用乘法分配律解答，但是在对其中的关键数字进行拆分时容易出错，如：

$$5.8 \times 0.99$$

$$=5.8 \times 1-5.8 \times 0.1$$

……

解答这一类题一定要先估再拆，这个结果不可能大于5.8。那么如何拆要重视，$0.99=1-0.01$，而不是$1-0.1$。

2. 单位换算

这类错误主要如下几方面：

进率差错，如解答15分=（　　）时，因大多数单位间进率是10的n次方，如10、100、1000、…，学生如果不细致，就会错误地算成1时=100分，直接用15分除以100，错填成0.15时。

再如，3升50毫升=（　　）升。如果让学生单独做50毫升=（　　）升，正确率会非常高；但是在解答3升50毫升=（　　）升时，学生的错误率却极高，往往会错写成3.5升，正确答案应为3.05升。

又如，3250毫升=（　　）立方分米（　　）立方厘米。这是单名数化复名数的练习题，正确答案是3立方分米250立方厘米，许多学生简单地错答成3.25立方分米3250立方厘米。是学生不会换算吗？显然不是，学生没有注意到题中立方分米与立方厘米之间没有等号。

3. 多边形面积计算

典型例题：用木条做成一个长方形框架，拉成一个平行四边形，这个平行四边形的周长（　　），面积（　　）。

这道题是我们比较重视的练习题，而恰恰因为重视，学生往往会养成习惯：一看就知道周长不变，面积变小。但如果我们将题目变换一下：将一个平行四边形框架拉成长方形，其周长和面积如何变化？部分理解不透彻的学生仍然会得出同样的结果：周长不变，但面积变大了。

还有，如果我们将一个平行四边形沿高剪成一个直角三角形和一个梯形，然后平移转化为长方形，这个过程中周长（　　），面积（　　）。学生要有清醒的认识：形变积不变（即形状变了，面积不变），周长变小了。

比如，将20本练习本摆成长方体，它的前面是长方形，如果移成平行四边形，这个过程也是面积不变，但是周长变长了。

再如：一块白菜地的形状是梯形，上底是9米，下底是12米，高是18米。如果平均每棵白菜占地9平方分米，这块地一共可以种多少棵白菜？

本题学生比较容易忽视的是单位的换算，菜地的面积是平方米，而白菜占地是9平方分米，需要进行单位转化，即189平方米=18900平方分米，然后再除以9平方分米，得到2100棵白菜。

又如：一块三角形地的面积是0.5公顷，已知它的高是80米，底大约是多少米？

解答这个问题时，学生会关注到单位换算：0.5公顷=5000平方米。然而有的学生会直接用面积除以高得到答案。这样是不正确的，三角形面积等于底×高÷2，已知面积求底，需要将三角形转化为等底等高的平行四边形，即三角形面积先乘以2，再除以高。

再如：给一间客厅铺地砖，用边长为3分米的方砖铺需要480块，如果改用边长为4分米的方砖铺需要多少块？

对于本题时，许多学生会直接用小砖边长乘以块数，然后再除以大砖边长，这是因为没有理解到位，铺砖铺的是面积，应该分别算出两种砖的面积分别为9平方分米和16平方分米，抓住面积不变来解题，即

$3 \times 3=9$（平方分米） $9 \times 480=4320$（平方分米）

$4 \times 4=16$（平方分米） $4320 \div 16=270$（块）

4. 解决问题

例如：一台拖拉机，上午耕地3.96公顷，比下午少耕地0.98公顷，这天一共耕地多少公顷？

学生在解决这一类问题的时候会对其中的条件"比下午少耕地0.98公顷"理解错误，正确理解是上午比下午少，而有些学生往往会错写成3.96-0.98+3.96，这是对关键条件理解不到位。

又如：一辆汽车行驶6千米耗油0.75升，那么行驶1千米耗油多少升？1升油能行驶多少千米？

这个问题有许多学生只关注做题，对知识的本质理解不够。从条件"行驶6千米耗油0.75升"可以明显看出耗油数没有行驶的千米数多，这是常识，但许多学生的答案正好相反，这也是需要重视的。

再如：一根钢材长3.5米、重0.7千克，另一根同样粗细的钢材长38.5米，重多少千克？

这道题错误率极高，其实我们可以简单地用倍比法计算：

第二根是第一根长度的多少倍？$38.5 \div 3.5=11$

第二根重：$11 \times 0.7=7.7$（千克）

也可以先求每米重：$0.7 \div 3.5=0.2$（千克）

再求38.5米重：$38.5 \times 0.2=7.7$（千克）

最后一例：一幢楼房高59米，除一楼高度是4.6米外，其余每层的高度都是3.2米，这幢楼房一共有多少层？

本题的解题思路是，总高59米先减去一楼4.6米，然后再算出另外还有多少层。但是学生在最后写答案时可能忽视第一层。正确答案：应该是3.2米高的楼有17层，总共18层。

当然，问题远不止于此，相信只要我们在考试时认真审题，抓住这些易出错之处，就可以避免错误的发生，期待学生在测试中取得优异的成绩。

小数简算中的一些思考

计算从整数进入小数，对于小学生而言是一个大变化，相关的小数计算特别是简便计算对其而言也就显得有点难了。许多学生对某些问题虽然经过不断的重复训练，但解答有些问题时仍然会出错，究其原因是在学习这部分知识的时候，教师引导学生"思"得不够，对某些问题的教学仅仅停留在简单的理解层面，没有关注为什么会有这个知识，没有引导学生主动去思考这个知识存在的意义和价值是什么？我们可以怎么用？

如果学生对知识的学习仅停留于最简单的理解层面，没有去进一步追思的意识和习惯，往往会导致在后续的学习中需要用到某些知识的时候总是理解不到位，总是感觉欠缺了一些什么。

如题：$6.9 \times 4.8 + 690 \times 0.052$，$6.4 \div 2.5 + 3.6 \times 2.5$，

$4.45 \div 2.5 + 5.55 \times 0.4$。

这些都是学生在练习中出错较多的题目，应该简便计算的，学生可能并不会简便计算，而不能使用规律、法则进行简便计算的，学生偏偏就要简便计算，自然会出错。在分析这些问题时，我们不能简单地用题型来总结，用记忆来强化学生学会如何算，更重要的是要从知识联系、知识来源等角度促进学生的理解，使学生真正明确何时可以进行简便计算，何时不

能，为什么，依据又是什么。

以$6.9 \times 4.8+690 \times 0.052$为例，也许有人会说这道题对于小学生而言难度稍大，但是我们不能因难度大而忽视对题的"思"。学生第一次见此题可能不会，没有关系，如果对此题再三分析学生仍然不会，我认为问题出在之前的教上——我们曾教学积的变化规律：一个因数不变，另一个因数扩大10倍、100倍、1000倍，积也扩大相同的倍数。在此基础之上，也曾让学生回答下列问题：

$400 \times 120=48000$

$40 \times 1200=$ $\qquad$ $4 \times 12000=$

$200 \times 240=$ $\qquad$ $800 \times 60=$

当时学生是能够正确解答的，但在这种解答中，学生"思"的成分有多少，我们不得而知。以此题为例，学生解决问题的方式有多种。

方式一：直接根据乘数末尾有0的乘法计算，然后发现结果是相等的。

方式二：根据积的变化规律发现一个因数扩大10倍，另一个因数缩小10倍，积不变，然后判断出结果。

在实际教学中，学生即便知道有方法，但为了思考简便，也不愿意去思考，直接计算多简便呀。甚至教师在教学过程中可能更多地关注的是计算结果而对规律的发现仅仅是蜻蜓点水般一带而过，并没有严格按照要求让学生去观察不同算式中因数的变化情况，然后让学生根据因数的变化情况来解决问题。他们总感觉这样做是在浪费时间，并且对于大多数学生来说有难度，势必会影响课堂教学的效率，但成全了所谓教学的高效却给学生的思维埋下了"困惑"的种子。此时此刻，面对此问题所要达成的目标不能简单地要求学生"计算正确"和"知道"，更重要的是要让学生通过观察和比较去发现规律和体会规律。因此，学生应该通过纵向观察发现其变化规律，然后结合积的变化情况来体会此规律。而且，教学不能止于这一步，至少要再让学生思考两个问题。

其一，你能根据题中数字变化的规律再创设一道积也是48000的乘法计算题吗？

其二，你有没有想过这样的变化规律有什么用？

完成第一个问题会促进学生养成主动创造变化的能力；完成第二个问题则会促使学生在今后的学习中遇到相关问题时有所感悟：原来当初我们学习的知识就是为了这个呀，原来乘法可以这样转化。

在没有具体学习到小数乘法的时候就促进学生主动思考，学生的"思"就会在后续的学习中有所体现，会对其有所帮助。其一为学生会"变"积累了经验，其二为学生能接受"变"、能想到"变"埋下了伏笔。

再看$6.4÷2.5+3.6×2.5$，$4.45÷2.5+5.55×0.4$。我们面临的现实是学生该简便的没有简便或不会简便，不该简便的却乱简便了，结果不是不符合要求，就是计算错误。其实这样的问题也不是此时才出现的，在教师教学到某些知识的时候没有分析到位，学生理解得不透彻，学习能力弱的学生遇到此问题更是想不到或不会想了。

下题是我们在学习小数乘除法时接触到的一道习题，题的要求：先算一算，再比较每组题的得数，你有什么发现？

$4.8÷0.1=$	$2.6×0.5=$	$1.5÷0.25=$
$4.8×10=$	$2.6÷2=$	$1.5×4=$

在教学时教师应该怎么做？一般会怎么做呢？

我想大多数教师会按要求进行，先算，再观察，然后总结出一般规律：除以0.1等于乘以10，乘以0.5等于除以2，除以0.25等于乘以4……

一般来说，我们的教学到此为止，发现规律即可。当然，有的教师会让学生进一步模仿：你能尝试再写一写吗？

这很好，更进了一步。学生会写出什么样的算式呢？一般都是$4.8×0.5$和$4.8÷2$……

其实到这里学生的观察并没有深入，他们并没有真正理解这道题存在的意义，这种仿写只是简单地依样画葫芦，学生并没有真正在理解的基础上去创作。

我认为本题不仅要观察前面所发现的规律，还要思考为什么会存在这样的规律，以及这样的规律存在的意义何在。

为什么一个数除以0.1等于乘以10，一个数乘以0.5等于除以2，一个数除以0.25等于乘以4……学生想过没有？教师是借助模拟情境来帮助学生理解，还是只简单地从算式结果的角度去观察获得呢？

以"除以0.1等于乘以10"为例，就有学生编造了下列问题进行表述：

一块橡皮0.1元，4.8元钱可以买多少块橡皮？

可以列除法算式：$4.8 \div 0.1$，得到48块橡皮。也可以这样想：一块橡皮0.1元，那么1元里有10个0.1元，就可以买10块橡皮，4.8元可以买（$4.8 \times 10=$）48块橡皮。

原来"除以0.1等于乘以10"存在这样的联系，1里有10个0.1，因为$0.1 \times 10=1$，所以才有这样的规律。同样：$0.5 \times 2=1$，$0.25 \times 4=1$，都可以借助这样的规律来理解。那么学生就能够理解并想到：$0.125 \times 8=1$，$2.5 \times 0.4=1$，$5 \times 0.2=1$……就会想到这些数之间存在同样的规律。此时，我们可以进一步追问：观察发现这些算式有什么用？

我们在解决问题的时候可以利用此规律对算式进行转化，从而使计算简便。当学生在混合运算中遇到此问题的时候也就自然会想到利用转化进行简便计算，也应该明白如何简便计算、什么时候可以简便计算了。

再回到"$6.4 \div 2.5+3.6 \times 2.5$，$4.45 \div 2.5+5.55 \times 0.4$"，如果学生对前面学习的知识真正进行了深度思考，那么他们在遇到这一组题时就不会混淆，就会很准确地知道一个数除以2.5与一个数乘以2.5是不相等的，不可以进行转化，就会明白这道题只能按顺序进行计算，而$2.5 \times 0.4=1$，所以除以2.5是可以转化为乘以0.4的，所以$4.45 \div 2.5+5.55 \times 0.4$是可以通过转化进行简便计算的。

　　总而言之，许多我们在教学中遇到的问题并不是在遇到时才出现的，其实我们第一次接触到这些最基本的知识的时候就没有真正引导学生去认真思考，去观察、分析、比较，去想一想这个知识可能有什么用、会在什么地方用得到。如果学生进行了这样的思考，在遇到问题时，他们的理解就会简洁一些，掌握知识也就不会那么困难了。

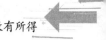

如何让计算更高效

最近特别关注分享式教学，特别想尝试。于是在第四单元结束之时，我对"小数的意义和性质"进行了深度的复习，期待有尽可能多的学生对小数的意义和性质掌握到位。在此基础之上，我借用预习单元，让每个学生尽自己所能进行预习。

习惯使然，在预习作业布置之前，就有一部分学生进行了适当的预习，体现在他们对作业的完成上，不教而会。从提前完成的作业情况来看，首先，提前预习的人数较多；其次，他们的预习呈现——作业，完成的正确率较高，但也有部分学生在少数题上出错。那么，学生是通过预习理解了，还是只是简单地通过观察例题中的计算过程学会了计算呢？对此我有些疑惑。

基于种种思考，我对第六单元第1课时"小数加法和减法1"的预习进行了规定，内容如下。

1. 练一练

（1）根据情境图，请你列出两道有意义的算式并计算（一道加法，一道减法）。

（2）结合上面的算式，向你的同伴讲解如何进行小数加减法的计算。

（3）想办法说清楚小数加减法与整数加减法在计算时有什么相同点。

（4）向你的家长（或同学）说明，计算小数加减法要注意什么。

2. 选做题

马小虎在计算2.74加一个一位小数时，错误地将两数的末尾对齐，结果得2.92。正确的结果应当是多少？

【前测分析】

教材的例题情境在相当长的时间内极具生活性，但是当下似乎少了一点生活味。当前，学生仍然有购物经验，即便不是扫码，也用不到分币，但是不用并不意味着学生不必对购物进行思考。根据我的分析，学生虽然没有分币的经验，但是对于元、角、分还是理解的，预习中有没有可能借助这个知识点进行思考呢？另外，即便脱离情境，学生也是可以通过小数的意义进行思考的。

【实际预习情况】

（1）根据情境图，请你列出两道有意义的算式并计算（一道加法，一道减法）。

本题学生完成情况良好，95%以上的学生列式正确并完成了计算，有的用了一步，有的用了两步。其中，较少一部分学生是先提出问题，再根据问题进行列式解答的，计算正确率也高；更多的学生是直接列式计算的——不能说这些学生不理解自己列式的意义，但肯定有部分学生只是简单地列式而没有考虑列式的意义。这说明学生对最基本的小数加法和减法是能够通过自学而掌握算法的，也体现了学生学习方式的差异，只简单列式的学生中有部分是能够理解自己列式的意义的，当然也有一部分学生只是完成计算。我一直认为计算不是简单计算的事，有效的计算必须让学生以人的方式进行学习，在生活中计算。如果学生能够结合生活列出有意义的算式，那么他们在解决问题的过程中也可能结合生活经验来理解小数加减法的计算方法；相反，如果将计算与生活完全隔开，那么计算只是一种简单的技能，对于学生能力的提升价值不大。

从列出的有意义、有问题的算式来看，方式不同，有一位小数加两位小数的，有两位小数加两位小数的……从预习情况来看，有的学生将末尾的0省略，有的没有——我认为这不是会不会的问题，毕竟之前在学习小数的意义时就曾做过，遇到过生活中钱的标记法，一般都是用两位小数来表示的，化简与否本质区别不大，而是在于学生是否知道可以化简。同时，有个别学生列出了两步计算的连加算式并计算正确，反映了这些学生喜欢接受挑战，喜欢探索，学习能力也相对较强。

（2）结合上面的算式，向你的同伴讲解如何进行小数加减法的计算。

通过预习，约有60%的学生对这个问题的回答是：要先把小数点对齐；有少数学生还提出了和整数相同，满十进一。但是，学生们在讲解如何进行计算时，注重的都是计算的方法，并没有关注算理，没有根据题中的信息特点借助生活经验来佐证算法，也没有结合小数的意义来帮助理解算理。这说明学生更关注计算的方法而非算理。

（3）想办法说清楚小数加减法与整数加减法在计算时有什么相同点。

对于此问题，学生的回答率不高，有一半的学生未作答，说明他们对小数与整数加法的意义、法则掌握得并不如我们所想象得那么深；有相当一部分学生只关注如何算对，却不关注为什么这么算，没有深入反思自己这么做的原因和道理，自然就不会去关注两者的相同点了。当然，也有部分学生关注了：小数点对齐后再计算，验算方法相同，满十进一，退位当十，数位对齐，都从最低位算起……

我一直以为知识的学习一定不能限于当下的知识，一定不能割裂成片，而是要关注知识的相通相融，要注意关注知识与知识之间的内在本质联系，要注意学会由旧知迁移到新知，要学会纵向连贯地理解知识，勾勒出知识结构网络。整数加减法与小数加减法在本质上是相通的，学生更应该努力去思考。

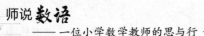
（4）向你的家长（或同学）说明，计算小数加减法要注意什么。

这个问题学生的回答较好，他们都能够明白小数点对齐，退位与进位——小数计算中比较容易出错之处。

选做题：马小虎在计算2.74加一个一位小数时，错误地将两数的末尾对齐，结果得2.92。正确的结果应当是多少？

本题能正确完成且思路清晰的学生超过一半，这说明什么？学生的思考、思路并不差，可能是平时的学习习惯问题，他们不太注重语言表达，习惯于列式解答，习惯于回答问题，但没有主动根据条件去发现问题。

【教后思考】

本课教学总体顺畅，学生通过预习，在课内能够通过自己的表达自主强调小数加减法的计算法则，能够将本课知识与旧知——小数的意义、整数加减法进行关联，能够结合生活经验中元、角、分的知识，将小数加法与整数加法有效沟通，能够表达出为什么小数点要对齐，课内练习错误不多，结合教材对错误进行了独立分析。

4.75+3.4=（　　），对本题的分析，学生更关注计算方法——相同数位对齐，教材也是这样强调的。这似乎没有问题，但我不这么认为，刚学习时，教材上的两种计算方法放在一起对比，学生当然能够及时发现错误，但是题目变、数字变、时间变之后，学生会不会再犯同样的错呢？答案是：有可能。我认为除了关注计算的方法、计算法则，还必须关注计算的习惯，本题中我也特意提到了如何发现解法之错：除了方法还可以估。

因为学生有时候未必列竖式，没有竖式就不能直观地看到小数点是否对齐，有时候是书写的缘故，可能小数点并没有对齐，但是学生感觉对齐了……

只要有计算，估就是一种有效的防错方法，能够帮助我们发现许多不应该的错误，本题亦是一例，不看竖式也应该能够发现错误：4+3=7，这个结果一定大于7，如果学生能力再强一点，一定能够发现结果大于8。不论方法对错，结果都应该大于5.09。

在计算教学中，如果我们一味强调方法、法则，强调算理而忽视最基本的习惯，那么学生的计算一旦出错，他们就很难发现错误，发现不了错误就很难去纠正错误。

事实正如我所料，在后面的作业中，有道题出错的学生特别多：

每千克鸡蛋含钙0.44克，每千克牛奶的含钙量比鸡蛋高0.6克，每千克菠菜的含钙量比牛奶低0.38克，每千克菠菜的含钙量是多少克？

许多学生的列式如下：

0.44+0.6=0.5（千克）

0.5-0.38=0.12（千克）

本题从题意理解上来看，学生是理解的，但是在计算过程中习惯性地将末尾对齐了。当我向每个出错的学生指出他们的错误的时候，他们很快就反应过来，自己数位没有对齐，然后立刻算出了正确答案：

0.44+0.6=1.04（千克）

1.04-0.38=0.66（千克）

我并不在意如何订正，我更关注学生的错误，为什么这样的错误他们没有发现？在没有学习负数计算的前提下，两数相加，和会比其中某个数小吗？越加应该越大呀。估的意识的缺失是我们计算教学中的一大误区，有效的估是能减少错误的，但学生却没有估，也没有联系生活实际判断的意识。

最后，再次明确我的主张，计算不只是算法和算理，习惯和联系生活去理解也很重要，这就是我对学生只列式却不提出为什么列式的顾虑，不能把计算只当成计算，不能把计算简单地当成技能，计算也是一种理解，也有推理、分析和比较。

由一节数学复习课引发的思考

　　课余,我在视频网站上观摩了一节由特级教师执教的数学复习课。他把复习课分为两部分:"温故"和"知新"。首先来"温故",在网格图中,A、B、C点的位置用数对如何表示?看似信手拈来的题,实则别有用心。一开始学生的答案只有一种,后来变成有很多种,教师逐渐引导学生们得出只有确定了0点、方向以及单位长度才能确定位置,从一开始就将学生的思维引上了一个高度。接下来就是"知新",分别从数对与计算、数对与三角形、数对与正方形角度来引导学生对数对相关知识进行学习,如在数对与计算中,展示出$x+y=12$,提出问题:数对x、y会是多少?把这些点连接起来是什么?在这条线上的点有什么共同特点?与此同时,教师也展示出了$x-y=12$,还分别画出了它们由点连成线的样子。

　　我想并不是所有的孩子都能听得懂,但是他会在脑海里埋下一颗疑问、思考的种子,当他们再次接触到数对(初中学段)时,肯定会怀着期待、疑惑的心情来聆听这堂课,这就从被动学习变成了主动学习。再或者他们课下就会查查这方面的学习资料。再如数对与三角形,"说出一个点,与已知的两个点构成一个等腰三角形",请学生来思考一下有多少个点。引导学生克服思维定式，扩大想象空间。

这节课是不是把小学的知识挖得太深了？学生到底能接受多少？从现场良好的反馈来看，我又在反思小学教师到底要教会孩子们什么呢？纵观孩子的一生，小学教师会在他们的一生中占什么地位？

教学参考书中有这样一句对教材解读的话：它是第一学段"方向与位置"内容的延续和发展，也是第三学段"进一步学习相关知识"的基础。相关知识是什么？我们都知道，这里的相关知识是坐标轴以及在坐标轴上建立的各种函数，这不属于我们小学教师讲课的范畴，那我们还讲不讲？专家教师建议：在小学毕业班后两个月复习时，能不能往前再迈半步？（注意：这里是半步，不是一步。）迈出这半步，会扩展一些知识，但又不讲中学知识，将思考留给孩子们，让他们有兴趣去钻研、去发现、去创造，这就放手创设了一个主动学习的环境。这又回到第二个问题，在讲授知识的同时让他们爱上数学，引领他们去探索、发现、体会数学自身的优美。

上述这位教师的这节课处处体现着他的教学理念——站在学生的立场想问题，不管是复习课还是新课，教什么完全取决于学生对这部分知识的掌握程度。为此，这位特级教师自创了"有效教学"，在上一节新课之前，对学生做前测（做一些这节课的题），以便清楚学生对知识的理解程度，在设计教学时，对学生已经知道的、自学能学会的就会一带而过。

在时代快速发展的情况下，教师不能只围绕着数学课本来讲知识，在现代生活中，一个孩子接受知识的方式有很多，教师不再是唯一"传道授业"的人了。所以教师怎样才能不被取代？要有意识地注重让学生学会学习，发展他们的创造力和数学思维、批判性思维。

时代发展之快已经超出了很多人的想象，学生所面对的未来是不可知的，学生所学的知识在未来还有没有用也不可知，但能肯定的一点是，学会学习的能力是非常有用的。这也给我带来很多启发：一是读懂学生的需求，充分地相信学生，把学习权还给学生；二是做好数学教学策划，让核心素养真正落实在每一节课中；三是与时代发展接轨，做好数学课程整合。任重而道远，希望能与大家一起进一步摸索和学习！

自大与积淀

——记一节失败的公开课

参加工作六年后，我通过层层比拼，获得了代表学校去参加市里比赛的机会。在学校领导、教研组长的帮助和支持下，我表现出色，第一次露脸就获得了市优质课一等奖的好成绩。我暗暗下定决心，一定要继续好好地钻研教材，坚持自己幽默、灵动、善思的教学风格，保持对学生的亲和力。我要更多地向名师学习，争取早日成为一名名副其实的、学生喜欢的小学数学教师。在这次比赛中，我还结识了一位认真、执着、善于独立思考、敢于直言的数学教研员S老师，他也是如此鼓励我的。他的鼓励更加坚定了我的决心，让我在小学数学教师的征途中更有动力！

从那以后，我连续多次参加由S老师组织的教学研讨活动，并有机会执教了两次市级公开课。当时我个人感觉，自己的教学技能越来越娴熟，课堂掌控能力越来越好，教学也越来越有自信。学生们很喜欢上我的课，家长和领导也是好评不断。两年后，S老师再次打电话联系我，希望我能在全市小学数学高效课堂教学研讨会上执教一节公开课。我很高兴，也没有虚让，一口便答应了S老师交给我的任务。我觉得自己完全可以胜任，没有和任何领导和同事商量讲课的事，自己参考了一位名师的教学实录，便上台执教了五年级的"位置"这节课。

整节课我模仿设计了大量的游戏和活动。课堂上，孩子们又蹦又跳，又敲又猜。一节课下来，孩子们学得热热闹闹，我讲得口干舌燥，满头大汗。我认为课堂达到了很好的预期效果。但是，没想到在最后练习的时候，许多孩子出现了一些这样或那样的问题，以致整节课拖堂了6分钟，高效课堂教学变成了搞笑课堂教学。我看到S老师头也没抬，手不停地在本子上写着什么。研讨会上，他并没有对我的课进行点评，我仍然自我感觉良好。就在活动结束后的晚上，我接到了S老师的电话，他在电话里狠狠质问了我几个问题：热闹的课是成功的课吗？数学的本真是什么？是一些虚头巴脑、没有数学味的活动吗？生活化是去数学化吗？有没有经过集体备课和教研？拿来主义不是照搬照抄，难道不需要自己的思考吗？一连串的问题像一梭子弹打入我的耳中。这次我没再解释。我终于清醒了，意识到了自己的不足和对数学认识的浅薄，当时真想找个地洞钻进去。从那以后，我更加敬重S老师了，知道了独立思考、团队教研、与时俱进、不忘本真对个人成长的重要性。我开始更深入地钻研教材，丰富自己的教育学、心理学等教师必备的条件性知识，对每堂课进行深刻反思，在实践中充实自己。慢慢地，我明白了什么是数学、什么是有味道的数学。经一事悟一情，品一人悟一心，非常感谢S老师在我狂妄自大的时候给我一个及时的提醒，让我知道如何做事，如何为师，如何做研究，如何上好有数学味的数学课。事后，我给S老师发了一条短信，表达了我对他的感激之情和敬佩之意。从此，我走上了一条务实、高效的数学研究之路。

失败，代表的是过去，人生幸遇良师，得以提醒和帮助，不让失败成为我前进的绊脚石。彼岸虽是个未知数，旅途也并非一帆风顺，跋涉途中更是风雨兼程，但每当想起S老师的教导，我就会义无反顾，努力前行！

数学绘本阅读课导读设计

——以《奇妙的数王国》为例

"打仗啦！打仗啦！"哪里打仗了？整数王国打仗了。啊？怎么可能？不信跟着小华和小强来看看啊！

偶数、奇数打仗？什么？男人数、女人数？谁提出来的？毕达哥拉斯？

哈哈哈！2司令说，2^0表示一个最傻的数，那可不就是1司令吗？好玩，好玩，真好玩！

咦！完全数？没听过，我得好好看看它的表演。完全数的表演真好看，它竟然有那么多奇妙的性质！

大乌龟是仙鹤王子变的？怎么回事儿？怎么回事儿？……

蒙面数？佐罗数？都是谁啊？

聪明的小强揭穿了速算专家8的阴谋？什么阴谋？怎么揭穿的？

小数点儿被追杀，谁会来救它？

小数王国地震，小强如何医治这些病号？0.45、.35、$3\overset{\bullet}{4}3$、6.6.1、123.，它们都是什么数？

好奇妙，好奇妙，数王国太热闹了！

什么？猪八戒也来凑热闹了？竟然出题难为大师兄？哈哈，结果自己没了吃的，还脑门起包？还差点儿被鳄鱼精吃了？还骗饭挨打？……原来都是因为猪八戒缺少数学知识！

长鼻子大仙有什么本领？熊法官和猴警官如何断案？零王国里的成员为什么全睡上铺？神秘数是谁？有理数、无理数为何大战？小数点大闹整数王国，最终害怕了？7和8有什么故事？小鹰阿尔法如何学数学？

这一个个有趣的故事好玩吗？快来《奇妙的数王国》看看吧！一个个有趣的故事就是一次次思维的碰撞；一个个有趣的故事就是一道道数学题，而且是灵活多变的带有思考价值的数学题。粗粗一看，这些题目似乎理不出头绪。但沉下心去细细分析，其实也不难——李教授在故事的展开中以主人公的口吻将解决步骤细细道来，将抽象、枯燥的数学知识讲得深入浅出，让我们读起来轻松自如，在不知不觉中掌握了学好数学的几大法宝——会分析、会判断、会推理。相信看完一个个故事，你肯定会说："哦，原来是这样！"

想感受数学的有趣，想掌握学习数学的法宝，想……赶紧打开《奇妙的数王国》，去数王国中畅游吧！

利用数学绘本提升学生的审题能力

　　《义务教育数学课程标准》（2011年版）中指出，学生的学习应当是一个生动活泼、主动和富有个性的过程。在培养学生核心素养、注重学生多元发展理念的引领下，数学绘本的学习起到了很好的引领作用。而审题能力是一种获取信息、分析信息、处理信息的能力，它需要以一定的知识水平为基础，更需要有良好的读题习惯、有效的思考方法做保证。在课题研究中我们发现，高质量的数学绘本阅读是提升学生审题能力的重要途径。

　　我们先来看看数学绘本的特点：有便于讨论的、丰富生动的故事情境，有便于阅读的简单文字，有数学知识与生活经验的结合，有给学生提供想象的空间，有故事情节与数学知识的相辅相成。

　　数学绘本在具有亲和力且轻松的生活情境中，加强数学概念的沟通，运用数学知识改变学生对数学学习的看法，拓宽学生的思维和视野；以故事线或概念线为主轴引发数学学习的特性，让天生喜爱故事的儿童对数学学习多了一种不同的选择；让学生感受到数学其实就在我们身边，他们可以看得见、说得出、摸得着，有助于提高学生的学习兴趣、发展学生的数学思维及提升课堂效率。

美国著名心理学家布龙菲乐德说："数学不过是语言所能达到的最高境界。"数学阅读能力是学生学习数学最基本的能力，阅读有助于培养学生的基本学习能力，如认真审题能力、思维能力、逻辑推理能力等。在教学过程中，教师应重视培养学生的数学阅读能力，引导学生逐渐意识到数学阅读的重要性，养成自觉阅读的好习惯，在阅读中发现问题、提出问题、解决问题，使阅读成为学习数学的重要载体，通过数学阅读，达到提高数学审题能力的目的。

我们再来看看什么是审题。所谓审题，就是在做题之前，了解题目大意，明白题目的要求和题目的已知信息与未知量，从而把握好正确的解题方向，它是解题的基础，对学生的基础知识和思维能力有一定的要求。而数学绘本为学生提供了生活体验的情境，使学生对自身周边环境有了更深层次的了解，它的直观性和新颖性有助于保持学生的想象力和好奇心，有助于培养学生的认知能力和语言组织能力，更有助于培养学生获取、分析、处理信息的能力。培养小学生的数学审题能力是小学数学教学中有效的教学方法。

在数学课堂教学中开展绘本阅读也不失为一种好方法，围绕绘本故事来设计教学往往更能激发学生主动学习的兴趣和探究的欲望。数学绘本课怎么上？核心任务应该是处理好绘本故事线、数学知识线和学生逻辑线之间的关系。

下面结合《从小爱数学》系列绘本《栅栏栅栏围起来——周长》这节绘本课来具体谈一谈数学绘本阅读是如何提升学生审题能力的。

一、弄清问题，提高审题准确度，培养学生获取信息的能力

教学片段：回顾故事，寻找问题。

师：大家已经读过《栅栏栅栏围起来》这本书了，书里主要讲了哪些数学知识呢？（周长）我们先一起来回顾一下这个故事。

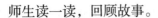

师生读一读，回顾故事。

师：在建宫殿的故事中，王子们一共解决了哪几个问题呢？

问题一：解决牧民的纷争。

问题二：选好建宫殿的地方。

问题三：测量出庭院的周长。

让学生通过整体阅读、整合检索，经历一个"由宽到窄"的过程，找准信息，将故事中所要解决的问题提炼出来，做到精准定位。整个过程既提高了学生的阅读能力、发现问题和提出问题的能力，也为下一步分析问题和解决问题做好了准备。

二、解决问题，提升审题敏锐度，培养学生分析信息的能力

教学片段：探索方法，解决问题。

师：王子们是用什么方法和知识解决这几个问题的？

问题一：解决牧民的纷争。

师：两个牧民发生纷争的原因是什么？请同学们打开这本书的第6页看一看。

师：胖牧民的羊总是吃瘦牧民土地里的草。王子建议瘦牧民用栅栏把自己的土地围起来。

师：瘦牧民照做了吗？第一次为什么没有成功？

小结：栅栏只有封闭起来才能起到作用。像这样，封闭的栅栏长度被称作这块草地的"周长"。

师：用自己的话说一说周长是什么。绘本里是怎么定义周长的？

小结：周长是指封闭图形边界的长度。

师：王子们用封闭图形的周长帮助牧民解决了问题。我们也用周长的知识来解决几个问题。

学生通过阅读王子们解决问题一的片段，审出"栅栏只有封闭起来才

能起到作用"，从而更加理解：不管是物体表面或平面图形，只有封闭起来才有周长。练习部分引导学生判断圆环的周长是哪部分，在交流讨论中提高学生审题的敏锐度，让学生体验深度学习的乐趣。

问题二：选好建宫殿的地方。

师：看看这张设计图，这些宫殿都是什么图形？什么是矩形？

师：要想一一建造这些矩形的宫殿，就要先垒出它的四面围墙。

师：王子们用绳子绕宫殿一周，绳子的长度就是宫殿的周长。所以只要测量出绳子的长度就知道需要建造多长的石墙啦。于是王子们把绳子从四个角的钉子处剪断，准备测量每段绳子的长度。

师：这时王子们又有了什么发现呢？

师：也就是说，只要知道一条横边绳子和一条竖边绳子的长度，就可以确定四面围墙的长度，当然也就知道了这个长方形宫殿的周长。

师：于是王子们就把一条长绳和一条短绳交给了石匠，让石匠去建造与两根绳子长度相等的石墙。

师：石匠听明白了吗？（没有）石匠建造了几堵墙？（两堵）

师：两堵墙可围不成宫殿，你能再替王子向石匠解释一下原因吗？

师：这次石匠终于明白了，他们又建造了两堵石墙，不久，宫殿的石墙就大功告成了。

小结：在测量矩形的周长时不需要测量全部边长，因为两条横边和两条竖边的长度分别相等，所以，只需要测量出一组横边和竖边的长度就可以了。横边的长度就是长方形的长，竖边的长度就是长方形的宽，长方形的周长我们就可以这样计算：长方形的周长=（长+宽）×2。

师：正方形也是矩形，它不仅对边长度相等，而且四条边长度都相等，所以正方形的周长=边长×4。

师：王子们用同样的方法很快建造好了剩下的几座宫殿。

学生通过阅读和分析王子们解决问题二的片段，审出"在测量矩形周长时只需要测量出一组横边和竖边的长度"，从而加深了对长方形、正方形周长计算方法的理解，有助于今后更加熟练地运用公式去解决有关实际问题。在阅读过程中，学生对信息进行分析加工、判断，不断排除干扰信息，最终找到了有助于解决问题的有效信息。

问题三：测量出庭院的周长。

师：王子们准备建造庭院了，但庭院不是矩形的。像阶梯一样的凹凸图形，周长该怎么测量呢？请翻到第22页，看一看王子们想到了什么办法。

师：王子们把凹凸图形的周长通过平移转化成了矩形的周长，再根据之前的方法测量出矩形的周长就可以了。

师：你会用转化的方法解决问题吗？试一试。

学生通过阅读王子们解决问题三的片段，审出"凹凸图形的周长可以通过平移转化为矩形的周长"，渗透"转化"的数学方法，使周长这部分的学习更加深入和灵活。在阅读过程中，学生通过观察，结合画一画、想一想，对信息进行深加工，最终找到了凹凸图形周长的计算方法。

三、总结方法，提升审题深刻度，培养学生处理信息的能力

教学片段：总结方法，了解历史。

师：宫殿很快建好了，王子们从此和穿靴子的猫在宫殿里幸福地生活着。

师：东秀和真秀受到了启发，开始给自己的小花园围起了栅栏。你能帮她们算一算栅栏的长度吗？

师：我们和王子们一起经历了解决问题的过程。在解决数学问题的过程中，我们是怎么做的呢？

小结：在解决问题时要"一读"（理解题意）、"二找"（找出关键信息）、"三析"（分析要用到的知识和数量关系）、"四解"（解决问题）。

本段教学实现了绘本故事和解决问题的有效衔接，学生通过自己读题、画图、说明、列式寻找解决问题的不同方案，这正是学生对阅读绘本

过程中获取到的信息的应用和处理。在经历绘本故事中王子们解决问题和学生自主解决问题的过程之后，教师提炼出解决问题的一般过程和注意点，让学生明白，要想正确地解决问题，前提是准确地审出题意，体现出"审题"的重要性。

综上所述，数学绘本教学，通过精彩的故事情节调动了学生的学习兴趣，通过蕴含数学知识的图片启迪学生的智慧，通过现实生活的实例让学生在自主阅读和探索中获取信息、分析信息、处理信息。相较于常规的教材内容，数学绘本课堂情境性、趣味性比较强，更贴近学生的生活与思维，有助于提升学生的数学审题能力，可以有效地培养学生的学习兴趣，发展学生的数学思维。

第二篇

2

研有所思

我的开学第一课

开学第一天，也是我接新班的第一天。一进入教室，我便开始了开学第一课的演讲。

一、自我介绍篇

同学们好，我是四（五）班新的数学老师，我姓孙，孙悟空的孙，身材像二师兄（八戒），同学们怎么称呼我呢？老师的手机号是×××××××××××（写到黑板上），有什么问题可以及时联系老师。老师尤其喜欢爱问问题的学生，讨厌不懂装懂的学生。我的办公室在四楼数学组，欢迎善问问题的学生来我办公室做客。

二、教材介绍篇

孙老师刚刚教完六年级，送走了大哥哥、大姐姐，他们已经离开母校，进入了初中学习。从四年级到六年级这几年的学习，尤其是数学的学习，对他们而言是难忘的，甚至是刻骨铭心的。为什么呢？因为这几年的数学学习是六年的学习中最难的。打个比方，在《开学第一课》中大家看到了我国登山队员从北坡勇攀珠穆朗玛峰的故事，看到了北大学子成功登顶的消息，大家都非常兴奋和高兴，他们站在制高点升起了五星红旗，领略了无限风光，看到了别人看不到的风景。大家想过吗？然后呢？对，要下山了。六年数学的学习也是如此，对于大家而言，四、五年级的学习，尤其是四年级的学习就像珠峰，是一个坎儿，迎接爬坡，坚持不懈，挑战成功，未来的学习才可能能轻轻松松，才可能信心满满，迎接属于自己的成功。

有这么难吗？很多同学都有这个疑问，我们一起来看看这本教材。大家先翻到编者大朋友给同学们的短信，我们一起来读一读。

亲爱的同学：新学期开始了，你将学习用小数计算等知识来解决问题，还将体验用字母表示数和运算律的神奇。

我停下来问学生，这学期我们将重点学习什么？小数。请大家打开目录，你都发现哪些单元与小数有关系？留出时间让学生仔细找找。发现：十个单元里有四个单元涉及小数，从小数的意义到小数的性质，再到小数加减法，接着到小数乘法，最后到小数除法，可以说是和小数较上劲了。小数的学习有难度吗？举个例子吧。同学们看1006789，会读吗？假如老师的财富是这个数，那我就是百万富翁呀，但是如果来了个小数点，读一读1.006789元，我还是百万富翁吗？我成了"负翁"了！都是小数点惹的祸，大家可别小看了这个小数点，个子虽小，能量却不小，可以联想到小数计算会给我们带来什么样的感觉。还有用字母表示数和运算律（本册书第二、三单元），我们刚刚认全了数，现在又要用字母表示数，又要表示一类数，单个数到概括数的认知是困难的，表示的算式又总想算出结果……从算数思维到代数思维是一个大跨越，这些都是对我们认知的挑战，甚至是颠覆。所以，数学王国绚丽多彩，也充满困难与挑战……让我们一起走进奥妙无穷的数学世界，去感受探索与成功的乐趣吧！

三、习惯培养篇

这学期我们需要注意培养哪些习惯呢？先从课前说起，首先要养成预习的好习惯。数学需不需要预习？中国有句古话："凡事预则立，不预则废。"这句话强调不管做什么事，事先都要有充分的准备。培养学生预习习惯和提高预习能力正是让学生学会学习的一个重要途径。良好的预习习惯，可使学生终身受益。从这个角度来说，数学需要预习。换个角度思考，数学是鼓励学生带着问题学习的，通过课前预习，学生可以很好地去发现、去思考、去探索，可以让思维前置。带着问题的学习是高效的学习，目标明确，重点突出，有针对性。怎样预习呢？我觉得对于刚升入四年级的学生来说，主要是培养预习的意识和习惯，可以像阅读一样去读一读，当然也要动笔写一写、圈一圈、算一算，最重要的是标注自己不懂、算错的地方，到了课堂重点听。

接着说说课堂上的习惯。课前准备要及时、干净、有序：课本放到桌子左上角，文具盒放到桌子正前方，打开练习本，写上时间、自主练习等。举手时举右手，胳膊肘应该放到桌面上。回答问题时，声音要洪亮、干脆、清晰，需要拿着课本时，应两手端着课本。交流讨论时，前后四人为一组，每个人都要发言，做好记录和总结。听讲时，要两手放平，上下对齐，认真倾听，要瞪着眼睛、竖着耳朵听，像个机灵的兔子，这样才行。凡是课堂上积极回答问题两次的同学，都奖励红旗一面，画到课堂作业本封面上，每月评比，获得最多红旗的同学先来挑选奖品，多劳多得，少劳少得，不劳不得。当然，红旗还会记录你的好人好事、单元测试、小考、作业本等奖励，是一个综合性的评比汇总。

最后说说课后习惯。主要是独立思考、认真完成作业、不懂就问的习惯。特别强调独立思考，没有独立思考，抄抄这个，看看那个，其实是搬起石头砸自己的脚，自欺欺人。抄得了一次，抄不了一世，这个现象要坚决杜绝。认真完成作业方面，既然要做，就做好、就往好的方面做，不得过且过，应付潦草。成大事者，都从小事做起，成数学优胜者，都应从每次作业做起。

其他习惯：课堂作业书写的习惯、作业改错的习惯、家庭作业收缴的习惯等。

考试中的丢分

刚开学就思考"考试中的丢分"这个问题，或许有很多人会感到奇怪，总觉得应该放在期末考试之后再思考，那样既会对孩子的学习有启发，也有利于教师对工作进行反思。

我不否认那时候思考这个问题有其当时的价值和意义，但我始终觉得学习是一件自然的、本真的事，需要孩子关注起点、关注平时，小学虽然不再强调考试，可事实是孩子在期末考试前那段时间还是很紧张的；当孩子到了中学以后，这种情况可能更严重，忙着补课，忙着背诵，忙着刷题，很多成绩优异的孩子还上全科的培优。为了上各种培优、补弱的辅导班，有的孩子会在家长的车子上吃饭，有的孩子更怕过周末，不但作业多，各种课也多。

我觉得更应关注的是孩子的学。孩子拼命刷题，刷的是记忆，刷的是运气，也有可能刷出好成绩。但刷题缺少的是反思，缺少的是沟通和比较。数学和语文不一样，需要的是大量理解。这种理解需要在不断地对话与交流中实现，只顾刷题难以真正理解，难以真正内化，难以提升学习效率。

当然，面对考试，进行大量的复习可以帮助原本学习不扎实的孩子暂时提分。但我以为真正有效的学习应该在平时，重在自我独立认真地思考，主动思、主动问、主动学，做到这些才可能得高分，任何一点做得不到位都可能失分。对于数学而言，学生丢分主要体现为以下几类。

第一类，平时学得扎实，但考试时不严谨，自以为试卷比较简单，审题不细，容易失分。

小李同学学习成绩一直非常好，但是因为最近有点骄傲，自以为数学学得不错，难题都能解答——最自豪的是前几次关键考试都是满分，所以这次失分了。分析他失分的原因是审题不细、骄傲自满，所错的题平时让他做一百次都不会错，但这次考试他失分了。

原题：简算56×99+56=（　　　）。

统计全班，这道题答错的人特别少，但是小李错了，错得不可思议，显然是他做题时潦草了，没有认真细致，以一种想当然的心态去答题。虽然这是考试时的偶发现象，但也体现出平时对基本题、简单题的重视不够，平时因为简单、答题内容少，所以不出错，但不认真的情绪已在你心中了，出错是必然的。

第二类，平时态度极差，虽一再强调细节之处，却仍然马虎应付，容易失分。

这可能不是个例，但有些个例却极为突出。有的孩子答题总是一个字，作业能少写一个字就少写一个字，画图时马虎应付，尽管老师再三强调用尺子画图，但他仍然不用……

虽然到了考试时因为某种压力，他也尽力认真地去考了，并且努力把这些毛病改正了，但是不是有点晚呢？能不能在考试时把所有不该犯的错都避免呢？一个字——难。当坏习惯成自然时，你再细心也总会这里错，那里忘：漏问题的，画图不画垂直符号的，漏条件的……

这些都需要平时重视，养成习惯才是王道。

第三类，表面认真，完成就行，做完即可，欠思考和总结，容易失分。

这一类学生的普遍共性是平时课堂表现还不错，作业完成及正确率也较高，但是每次考试的成绩都不太理想，与预期相比差距较大。为什么会这样呢？这就是学的问题，被动地学是能够学会，简单地模仿也可以做对。这类学生平时出错时很少会认真反思错的原因，不去问为什么错，只是简单地听和改，缺少对知识的真正深刻内化，记忆式积累过多，理解没有跟上，自然会出现问题。

第四类，平时学习浮在表面，做题对照例题，依葫芦画瓢，缺少对知识的系统化，容易失分。

有些孩子学习效果是短暂化的。你看他做了预习，作业也认真，正确率也较高，但考试成绩却不理想，为什么？他们对知识的学习片面化、片段化，学什么、看什么，当时学、当时会，鲜有将知识进行系统整理、对比、分析的过程，因此知识内容不多时可以与例题进行联系比较对照，但是到了考试试题量大、时间紧时，对于一些平时看似简单的题，就会出现混乱。

当然可能出现的情况还有很多，只有从一开始就重视起来，开学初对照一下，思考应该怎么做，到最后才可能取得满意的成绩。

有模就有型，无型为至模

何谓模型思想？《义务教育数学课程标准》（2011年版）中指出：模型思想的建立是学生体会和理解数学与外部世界联系的基本途径。建立和求解模型的过程包括：从现实生活或具体情境中抽象出数学问题，用数学符号建立方程、不等式、函数等表示数学问题中的数量关系和变化规律，求出结果并讨论结果的意义。这些内容的学习有助于学生初步形成模型思想，提高学习数学的兴趣和应用意识。广义地讲，数学中各种基本概念和基本算法都可以叫作数学模型。比较狭义的解释是，只有那些反映特定问题或特定的具体事物系统的数学关系结构才叫作数学模型。

关于模型思想，要特别关注几个相关的概念，原型与模型、数学模型。原型指的是原来的类型或模型，模型是相对原型来讲的，是原型事物的模拟物。模型来源于原型，但不是原封不动的复制。数学模型尚无公认的定义，简单地说，数学模型乃是针对或参照某种事物体系的特征或数量关系，采用形式化数学语言概括的或近似地表达出的一种数学结构，也是数学建模。很多专家认为，数学建模是一种特殊的数学问题解决的形式，虽然建模是问题解决的途径或方法之一，但还是有不少问题解决不需要建模。显然这是基于狭义的数学模型来说的，进一步而言，数学教育中的问

题解决与数学建模还有一些实质的区别，首先是问题呈现不同，其次是过程有别。事实上，实际的数学建模组队任务明确，需要哪些条件、信息怎样获得等，从开始就需要自己去解决、去完成，这就注定了建模的难度远远高于通常的问题解决。数学建模的大致流程如图2-1所示。

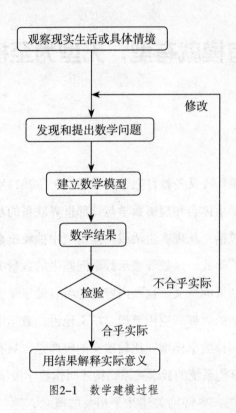

图2-1 数学建模过程

　　有些学校对数学的教学模式、教学流程做了详细的规定，甚至规范到每个教学环节。这也未必是件好事。教学是一个整体，需要有一定的模式，但不是唯一的法宝，绝不能限制教育者对问题的处理方式。为什么需要建模？部分年轻人刚刚进入课堂教学的时候，由于对教材的处理、问题的解决等未必能到位，所以需要一定的教学流程，这就是所谓的有模就有型。当我们的教学达到一定程度的时候，如果我们总是用模型思想来束缚自己，那么对学生的成长未必有好处。教学真正需要做到的是使学生对问题进行独立的理解和独特的分析，不能过于程式化、模型化，不能为了模型而建模。在第一次教用分数解决问题时，就有学生问我，"老师，为什么别的班同学在学分数应用题时老师都让大家记住公式：单位'1'的量×对应分率=对应数量，而您没有，难道是您不会吗？"的确，如果在这里给学生模型化公式，那么解决问题的效果会好许多；否则，教师需要费很大精力来帮助学生理解。模型思想的本质是什么？不是为了让孩子做对题目而一味建模，而是要帮助孩子真正理解。如果他们能理解，那么建模就是有意义的；如果只是为了让他们在考试的时候做对题目，那么这样的建模，从长远来看，对孩子是一种伤害，它没有帮助孩子建立自己的理解，并不是一种真正有效的帮助。

所谓教学模式的创新，有益的、实用的不必说，在某种程度上可以说有些创新其实就是对教育的一种伤害。为什么这么说？因为对所有的课进行了统一的、规定的模式化，而知识与知识、内容与内容、教师与教师之间都有差异，教法不一，理解不同，思考也不同，所谓教无定法正是如此。这就如同工厂里建一个模，生产出的产品都是统一标准的产品。但教师在育人的时候，不能把模型思想看得过于片面化、模式化。真正的模型思想在于从孩子的真实水平出发，努力促进孩子的思维发展，模型思想是在有助于孩子推理、帮助其思维形成的时候才用的，绝不能为了模型而建模。总之，一切教学都应该围绕学生去做。

以教学为主线，抓住思维的本质，当教师的教学达到一定程度的时候，那些表面化的模型就可以舍弃，达到"无型为至模"的状态。

真诚交流，做永远的朋友

各位家长，大家好！

很高兴和大家见面，也一直很期待与大家的这次交流。我姓孙，是咱们班的数学教师，从事小学数学教学工作已经20个年头了。平时我在教科室办公，主要负责教育科研和教师成长。接下来我主要就孩子的数学学习情况从以下几个方面跟各位家长展开说一说。

一、四年级数学学科的特点

四年级的数学学习是知识的转折点，变得抽象、复杂、不容易了。如果说三年级的学习还是以计算为主，那四年级的学习除了计算，还融合了代数的知识，是数与代数领域的又一次扩充。具体如下。

数与代数：计算器、用字母表示数、运算律、小数的意义和性质、小数加减法、小数乘法、小数除法；图形与几何：认识多边形、观察物体；统计与概率：平均数；综合与实践：智慧广场。

可以看出，小数的内容是本册的重点，涉及小数计算的有四个单元，这也是小学数学计算领域最难的内容。计算一旦牵扯到小数点就复杂了，如小数除法结果越除越大、小数点的位置等问题。另外，还有用字母表示数，这是学习方程的前提，是代数思维的开始。很多学生都想求出结果，不大习惯用字母表示，思维方式需要有很大的改变。可见，四年级的数学学习已不同于低年级了，抽象知识增多了，综合性知识增多了，难度加大了。有些学生一时难以适应，如果没有好的学习习惯，很容易出现两极分化。如果你觉得学生在退步的话，请及时与教师联系，我们共同探讨成绩下滑的原因，并找出切实可行的解决办法。

这学期大部分内容是关于小数的计算，特别是乘除法。学生对计算方法都能够掌握，但就是缺少计算时的细心。有些学生概念不够清晰，相关定义法则背不熟练；有些学生不够细心，老是马马虎虎，不能做到很好地理解题目。"读书百遍，其义自见"，每次做题都需要认真地阅读题目、理解题意。

二、本学期需要做的工作

作为数学教师，我一直在努力探索如何让学生乐意学数学，感受到数学的多姿多彩，激起探索的欲望，享受成功的喜悦。

针对四年级学习的特点，应重点培养学生的学习兴趣，让学生紧紧跟着教师的指挥棒走，团结在红旗榜周围，所有的进步换算成红旗，用红旗榜记录学生成长的点点滴滴。红旗全部画在课堂作业本的封皮上，每次换新本子前统计旧本子的面数，评选出每次红旗榜的"状元"，发奖品时优先选，并拍照在群里公示，鼓励冒尖，鼓励向榜样同学学习。红旗榜主要涉及以下几个方面。

（1）课堂表现：鼓励积极思考、回答问题，设立回答问题奖，每节课回答问题或受到表扬两次者奖励红旗一面。

（2）课堂作业：全队得A，加一面红旗；做对选做题加一面红旗；小考全对加两面红旗。

（3）家庭作业：练习册按1～2面加红旗，检查家长的签字和改错；多

劳多得，每次按1面加（周六周日算一次，一周最多6次）。

（4）单元试卷：90分以上按1~4面加，100分加4面。

（5）其他方面：进步奖、好人好事奖（捐赠奖品）等。感谢家长的支持，每次发奖时同学们的积极性都很高。第一次奖品由孙老师独家赞助；后两次我们按主题发奖：奖励笔和奖励本子。

（6）每日一题/每周讲题：鼓励学生完成较高难度的题目，坚持做每日一题，每天都有收获。每个周末开展讲题活动，录制短视频，限时3分钟，并上传到班级钉钉群，大家共同欣赏。

三、需要家长配合的方面

要学好数学，除了学生与教师的努力，还需要家长的配合。

1. 重视孩子数学学习习惯的培养

有些学生学习行为习惯还不是很好，需要从以下几个方面去培养。首先，课堂40分钟专心听讲是最重要的，也是最有效的。一个会学习的学生在课堂上肯定是积极认真地参与学习，手脑并用。有部分学生不会听课，总是要教师来提醒，这样学习成绩必然会受到影响。其次，按时完成作业。我们大多时候是书面作业，家长要注意提醒孩子认真完成好，并在能力范围内给他们检查。最后，作业书写要求和格式训练也是学习习惯培养的一方面。比如，字迹清楚，做题按照题目要求格式正确。解决问题时，要读题、审题、写算式、写单位名称和答案。另外，我多次强调题目怎么问我们就怎么答，但很多学生偷懒，答语只有两三个字。我们班个别学生的作业比较马虎，字迹潦草，在作业本上乱画，做错了不擦就直接改，这些还要请家长严格要求。

在家里，要给孩子创造一个适合学习的环境，让孩子养成放学及时做作业、按规定时间完成作业之后再做其他事情的习惯。现在高年级数学作业40分钟内可以完成，如果您觉得孩子速度慢、错误率高，可以帮孩子分析原因。

好习惯不是一天两天养成的，我认为该规范的时候要规范，而且要严格要求、要坚持，如单元试卷的错题本。不论是好习惯还是坏习惯，时间长了都能养成，所以家长发现孩子的坏习惯要让他们及时改正，好习惯要让他们坚持下去。

2. 培养孩子活跃的思维，让孩子学会独立思考

父母不要以大人的眼光来看待孩子，不要认定自己看来很简单的题目孩子一定会做。孩子会出错有多方面的因素，这就需要家长换位思考。家长要善于发现孩子勤思的优点，对他们的提问进行恰当的鼓励与表扬，并及时更正他们的错误想法。对孩子不能解决的问题要采取诱导的方式引导孩子思考问题，重要的不是教会孩子一道题怎样解答，而是要告诉他们解决问题的方法，培养他们独立思考的能力。我们鼓励学生独立思考，边做边问不可取，抄袭更不可取，希望家长认真监督。

3. 重视孩子计算能力的培养

小学数学教学重点是计算能力的培养，由于孩子的基础不同，所以不同孩子的计算熟练程度和速度以及计算质量存在一定差异。要缩小这一差异，仅靠每天的数学课练习是不客观的，还需要各位家长做有心之人，帮助孩子多进行这方面的练习，尤其是口算的练习。计算的练习题目和类型多种多样，可以利用口算本，也可以利用题卡。同时要留心孩子计算错误的原因，比如是粗心还是计算方法存在问题。但要防止枯燥的题海练习，每天只在规定的时间里做一定的题即可。

4. 请家长积极配合教师完成相关任务

有的家长经常问孩子："今天课堂上认真听讲了吗？作业完成了吗？"你觉得孩子会怎样说？这样的问话我认为是套话，您应该追问："老师讲的什么知识？你认为哪个地方最有趣？哪个地方最容易出错？作

业都有什么？做完了我来检查一下，按照老师的要求签个字。"别看只是一个签名，这对孩子来说很重要，这是爸爸妈妈对他在家学习的肯定，孩子对此非常在意，所以希望我们的家长再忙，也要挤出一点时间签上这个名，你签了，我们就知道你的孩子这个作业完成了。对于书面作业，有时我们还要求家长督促孩子加快速度，使他们逐步养成良好的作业习惯。但是我在批改作业时发现，孩子前面有没做完的作业，家长没有督促孩子补做就在作业上签字了，甚至这次的作业没有做完家长也签字。如果这样的话，我觉得家长签字就失去了意义。希望家长每次签字前先检查孩子前面的作业有没有认真做完，再看看今天的作业是否已经完成，如果完成了再签字。

一般情况下，孩子产生错误的原因有两种：第一种就是不会做，第二种就是由于粗心没看清题或算错。如果一道题班上多数同学出现问题，那么第二天我肯定会在课堂上集中讲解这道题。如果是因为粗心做错的题，课堂上肯定没太多时间讲解，毕竟每天都有新课要上。我会在题目下或算错的地方圈个圈，就是提醒孩子订正前把我做记号的地方看看，然后找出自己的错误，这样再订正就没什么困难了。做十道题都不如把错题做两遍，错题就是孩子学得不好的地方，如果做错了就丢在那不管，那下次遇到类似的题还是不会。所以，订正非常非常重要。每次单元试卷发下去后，我们都会布置将错题整理到错题本上这项作业，这要求家长辛苦一下，把错题摘抄到错题本上，到周末时集中练习一下。

5. 关于辅导孩子的问题

有的家长可能说我太忙了，有时还要照顾老二，顾不上，这也是非常实际的困难，但对我们来说最重要的还是孩子，每天只要挤出一点时间就能顾上孩子了。家长们就是再忙，最起码也要做到，孩子放学回家，让他先独立做作业，你可以看看他书写是否认真。如果不认真，你要提醒他书写认真。但你不能跟孩子一起做作业，一定要让孩子独立完成作业，不能边玩或边看电视边做作业。孩子做作业时家里要安静，作业做完了，你要检查。做到了这些，孩子就能体会到，我的家长很重视我的学习，到学校里我也得认真学，比你跟孩子说学习有多么多么重要、要好好学习之类的话效果要强一百倍。希望家长们每天挤出点时间，多多关心孩子，多和孩子交流，多问问孩子的学习情况，每天抽出几分钟时间问问他的在校情况，看看他的作业，和孩子促膝谈谈。

6. 正确看待孩子的分数

不要认为分数就是一切，考试分数高，要引导孩子不要自满；考试分数不理想，应该与教师、孩子一起研究问题所在，特别是每次考试后，要分析孩子出错到底是什么原因，从试卷上找出原因，找出孩子存在的薄弱点。孩子订正完试卷后再签字。因为每一张考试卷我发下去后还要收上来看是否订正了。

7. 平时多鼓励孩子，办法总比困难多

辅导孩子学习时，家长要有耐心。每个孩子都希望得到教师和家长的赞赏，所以家长也要以表扬为主。今天孩子都算对了，就要鼓励："今天算得真好，如果再快一点就更好了！"孩子听了就更来劲儿了。对孩子要有耐心，多进行表扬和鼓励，绝对不要对孩子说"你真笨……"这样的话。每个孩子都喜欢被表扬，所以请各位家长教育孩子一定要注意方法。当然，表扬和鼓励绝不是一味地迁就孩子，如果孩子犯了原则性的错误，一定要让他知道自己错在哪儿了，一定要让他改正。

各位家长，一切为了孩子，为了孩子的一切，为了一切孩子，是我们的心愿。希望各位家长平时能与我们多交流、多探讨，期待着在我们的共同努力下，创造一个良好的数学学习环境，促进孩子的发展。

如果大家对我的教学工作有些建议，我也诚恳地希望大家提出来，以

便我能更好地改进以后的工作。如果大家还想了解孩子的更多情况，我们可以个别交流。

最后，我想用这样一句话来结尾："你可以不是天才，但你可以成为天才的父母！相信你的孩子，也相信你自己！"

学好数学的"避免"与"促进"

在与家长交流时，很多家长都说："小学数学不太难，为什么孩子越学越辛苦，越学越难学？"怎样才能够学好数学呢？这是一个比较大的命题，因人而异，因课而异。结合自己二十多年的教学经验，以及个人对一些问题的思考，我觉得应该注意以下几个问题。

一、数学学习中的"避免"

首先谈一谈数学学习中的"避免"。要想真正学好数学、轻松学数学，就必须避免数学学习过程中一些现象，有些所谓妙招可能在短时间内有效，但并不能长久。

1. 避免解题模式化

教学中，有经验的教师会向学生讲解、介绍某些解题的公式、妙招。比如某一类题，不用想，如果题解模式相似，只要套用公式（对公式的理解不是关键），那么解题就一定正确。

这种不求甚解的公式化教学在现实教学中比较盛行——效果很明显，只要练习过同类型题，不断练习，反复训练，那么学生在考试时遇到同类题解答正确的可能性是非常大的，这就是所谓的"教学效果"。还有部分

教师在教学中只关注妙招的使用，从不关注妙招的由来，不关注公式、简便方法的由来，往往造成学生只会做，却不知道为什么如此。这种只重眼前、不重长远的做法值得反思。学习应是一件终身坚持的事，依靠捷径只能走一时却不能走一世，用此方法可能一时取得了好成绩，却不能入脑入心，学生以后的学习可能会更困难。

2. 避免模仿关键字

在小学高年级解决问题的教学中，尤其在列方程解答中，一些"老"教师很有经验，主要体现在以下两个方面。

（1）找关键字。例如，"见到多就加，见到少就减，见到扩大就乘……"这些方法在某些情况下是可行的，也是正确的，但学生如果长期依靠秘诀解决问题，从不以本真的思考来理解问题，那么可能会做题，也能做对，但需要大量的重复记忆式练习，需要不断地背诵秘诀……很少会主动质疑、辨析思考，这其实是一种低效的做题。

（2）套用形式。在列方程解决问题的过程中，许多教师会帮助学生建立起正确列方程的经验——而非真正地理解。比如，在教学列方程解问题时，对于学习有困难的学生采用了一种简洁有效的教学方法——记忆模仿法，教学效果较好，但认真思考后会觉得这种好是暂时的，因为学生是不理解的，不会长久，部分学生在理解上存在问题必将在学习更复杂的内容时产生困惑。

例题中呈现数量关系的填空让学生完成，其目的是帮助学生厘清题中的数量关系，我们某些有经验的教师会在此基础上加以利用，如何利用呢？教学的方法不是教学生如何理解，不是借助画图等方式帮助学生建立起几倍多几的数量关系式，而是让学生紧紧记牢此方程的数量关系式。遇到类似的问题时，学生可以借助记忆比较。如在解决下面这道问题时，部分教师注重让学生找联系：本题中的猎豹相当于例题中的什么？猫呢？注重构建的是相同模式，这样做在教学本单元内容的时候，

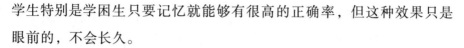

学生特别是学困生只要记忆就能够有很高的正确率，但这种效果只是眼前的，不会长久。

3. 避免乱猜题押题

一些内容考试形式相对单调，考试范围也不宽广。一些有经验的教师对此会特别有考试心得，别看有的学生平时成绩不太好，但是某些内容经过教师的突击训练，一下子就能够获得非常高的正确率。往往这种靠突击性强化训练出来的学生在当时的考试中成绩进步非常明显，题型一猜就中，有的甚至是原题，理解不理解无所谓，只要记得之前的练习，就能够做对。例如，我们在教学乘法运算律的时候，一些教师应对考试命题就特别有心得——题型就那么多，又不可能全考，只需要在考试前一周把这七八种题型反复训练，就有可能考到原题。

以上几个问题我认为在教学中都是应该避免的，虽然有许多方法可能给学生带来短期效应，甚至提高分数非常明显，但无一例外都过于急进，过于追求效率，而忽视了学生真正的参与和思考，这些方法对于学习力较强的学生而言可能有用，但对于学习力弱的学生来说，由于思考不深入，对问题的理解很难到位，只是无思考地做，即便做对了，意义也不大。有效的教学必须重视学生的真正参与，关注学生的真正困惑，帮助学生真正理解每一个问题。

二、数学学习中的"促进"

既然提到避免，那如何学好数学？我觉得需要促进以下几个方面，这既可以有效地帮助学生特别是学困生理解数学，发现自己在学习过程中的困惑，还能逐步提高学生学习数学的能力。

1. 基础要牢

无论是谁，要学好数学必须有一定的学习基础，并且这个基础一定要牢固。比如，基本的口诀、基本的口算能力必须过关，到了中、高年级，我们的孩子不仅需要熟记口诀，更要能够熟练口算简单的两位数乘一位数、两位数减两位数。

无论如何，这是必须掌握到位的。有些教师会说，我的学生都是过关的，你看考试时学生口算基本是不错的，计算也很少失分，但这未必表示学生的口算基础牢固。真正的口算能力不仅是做对，还要关注是如何做对的，注重方法的渗透。

如果基本的口算不好，不仅是算的问题，更可能是态度问题，最关键的是你会失去口算中的经历与体验。无纸化的口算更关注观题与思考结合，对孩子的口算、空间想象能力都有着重要的实践意义，如果回避口算的过程，只关注答案，那么这种算就会失去其价值和意义。

2. 习惯要有

这里的习惯是指思考的习惯、观察比较的习惯。做题最忌讳的是就题做题。部分学生，特别是学困生如果长期就题做题，他们的思考能力就不会得到发展。

做题想题、析题的习惯是最基本的学习习惯，如果在学习每一个知识、解决每一个问题时都局限于眼前问题，那么学生可能凭借对教师当下的讲解记忆能正确解答，却未真正理解。有效的学习必须是比、联、变、想结合，与生活紧密联系起来进行思考。每学一个知识点，必须先思考这个知识点与已学过的哪个知识点有联系，区别在哪里，在比较中促进自己借助已有的知识来理解新知，然后再联系生活、联系实际思考这个知识点还可以如何延伸、变化。尝试在比较与变化中将知识系统化、网络化——如果每一个学生在学习的过程中不仅仅关注解答几道题，还将知识从前到后紧密联系、比较思考，那么他们的学习能力一定会得到提升，哪怕思考并不深入，但是只要有这种习惯，能力就会一天天提升，对知识的理解就不会片段化、孤立化。

3. 注重思想

我们不能将数学学习与生活完全割裂开来，应该关注数学与生活的联系，要注重对学生基本数学思想的培养与渗透——有了思想的学生才会思考，有了思想的学生才无畏错误，出错率也会大幅度降低。

这些思想有变与不变的思想、正比例的思想、反比例的思想。对于这些思想不仅要注重渗透，更要注重与生活、与学习紧密联系，只有联系到一起才能真正有效提高学生学习数学的效率和能力。

首先，变与不变的思想，需要结合生活去理解。比如年龄问题，妈妈比小红大27岁，3年后妈妈的年龄是小红的4倍，两人今年各多少岁？这就需要学生对变与不变的理解，年龄变，但是年龄差不变，3年后两人的年龄差仍然是27岁。

其次，在加减法计算中，变与不变的思想可以帮助孩子检验错误，口算时加之前就可以有一个预判，一个不变，加上另一个加数和不超过多少？不少于多少？这个基本判断需要有，如果我们平时不注重观察比较，孩子很难自发形成。

再次，正比例思想，不仅对计算，也对发现解决问题时出现的错误有帮助。

如孩子在计算80×28时错算成3240。在算的时候，许多孩子很难发现问题，但如果有正比例思想，就会去估一估、比一比，就会一眼发现出错：答案不会超过2400，这是个基本的判断。再如下列问题：每分钟行的路程少于2/5千米，时间短了路程必然短，行1千米的时候多于5/4分钟，这也是应该清楚的。如何能够做到清楚？需要有结合生活理解的正比例思想，有了这种判断的能力，错误就会相应减少。

最后，反比例思想，一个蛋糕分给的人越多，每人分得的量就越少，这是生活经验，拓展到数学中则是：被除数不变，除数越大，商越小，除数越小商越大，还可以拓展到除数扩大多少倍，商就缩小到它的几

分之一。

利用这个判断可以预判结果的大致范围，利用这个判断可以帮助学生建立简化的思想，帮助学生学会从多角度去分析问题、解决问题。

4. 学会反思

对于数学学习过程中的错误要有反思的习惯，不能只是简单地订正，有时候订正不需要动脑筋，有时候订正即便正确，实际意义也不大。真正有效的订正应该是反思式订正。

当学生解题出错时，首先要做的不是订正——特别是有些问题存在非此即彼的解法。重要的是反思，错在哪，哪一步理解出错了，正确的思考是什么，以后思考问题时要注意什么。只有当这些都一一理解到位的时候，订正才是有效的。

同样，学生做对题也要反思，我的对与别人的对有什么不同，我的思考与别人的思考有什么区别，为什么不同的思考都可以。

学习不是简单地做对题，更应该是把每一个问题都弄清楚、弄通、弄透，对每一个问题都要反思，对每一个过程都要思考，当学生养成这种反思的习惯的时候，他的学习能力也一定能够得到提升，数学也一定能够学好。

重新认识数学中的套路和套话

说到套话，它在当今社会是一种普遍现象，我不喜欢套话，却不得不一遍又一遍听着重复的套话，有时候真话、实话不能说，套话却可以行万里，教学中也是如此。

贾友林《重新认识课堂》一书中也有关于套话的叙述，那是学生的套话。对于学生的套话，作为教师的我更不喜欢。为什么这么说？从学生的套话表现来看极具智慧，都是对问题思考的提炼所得，但提炼再深刻，如果不是学生自己思考、自主探究得到的，而是基于前人的思考或者对套路的简单模仿，那么这样的套话还不如不会，会远比不会还要坏。

作为一名教师，当学生遇到不懂的问题时，我们会关注学生，会思考学生为什么不懂，努力帮助学生分析、理解问题，在教学中潜移默化地渗透或帮助学生去理解。但如果学生本身并不懂，只是简单地利用套路来展示自己变相的"懂"，那这种套话往往会遮挡教师的视线——你的回答如此正确，当然认为你懂了呀。从这个层面来说，教师从心理上就不会认为学生对某些问题不理解，甚至都不会去思考学生是不是真正理解，那么教师又怎么可能会去认真分析学生哪些地方不理解、不明白呢？——等到问题显露时，往往就比较严重了。

比如我们在教学分数应用题时，会遇到下列问题。

一辆汽车行3/2千米用汽油3/25升，行1千米用汽油多少升？1升汽油能行多少千米？

这个问题是有一定难度的，但我们如果主动教给学生套话：去看，看问题中谁变成了"1"或"每"，就用另一个量来除以这个量，只要计算不出错，答案肯定正确。

这个套路普遍存在于教学之中。更可怕的是，如果学生运用这一套路来解决同类问题，正确率可以达到百分之百，不用深入思考，只需要简单分析就能够确保解题正确。

但套路多了，有时候会失去对问题深入思考的经历。以本题为例，学生收获的是眼前的答题正确，失去的是深入思考和现场解惑的过程。以套路代替深入思考是一种很可怕的操作，也是许多教师在教学中的一种短视现象：只关注学生做对，只图眼前，不考虑本质。以本题为例，如果问题进一步深入，如：

一台拖拉机2/5小时耕地3/8公顷，照这样计算，这台拖拉机多少个小时可以耕地6/7公顷？

只会套路，没有真正思考的学生又该如何做呢？教学中会是目的，但必须是基于学生真正理解上的会，如果为了会不择手段，不去真正理解，那么今天的会就是明天的不会，今天的对就是明天的不对。教学中宁可让学生在学习过程中多呈现自己的不会——有了不会才会激发学生去分析、去理解，自己总结出属于自己理解的套路，才是真正的会。我们一直强调学生的差异性，学生的理解差异客观存在，不同的学生需要不同的思考、不同的历练才能实现会，教学千万不能为了统一的会而忽视部分学生真正的思考。

再如，贾老师文中提到的案例，学习正比例和反比例的结论，对两种相关联的量成什么比例的判断，许多时候我们的学生都会基于"套话"做出判断，得出结论，如果不细加辩论，学生给我们留下的往往是会与对的错觉。

如在判断反比例的时候，学生会根据这一模板进行表述。

判断：长×宽=面积（一定），成什么比例？

学生会这么判断：长×宽=面积（一定），因为长和宽是两种相关联的量，一种量变化了，另一种量也随着变化，当与长和宽相对应的数的乘积面积一定时，我们就说长和宽成反比例关系，它们是成反比例的量。

但学生是不是真正理解呢？不一定。因为在学习本节内容时只有两种判断：一个是商一定，另一个是积一定，许多学生会找套路，能够套上正比例的就是正比例，能够套上反比例的就是反比例，虽然大多数情况下是正确的，但并不表示真正理解，如果我们在判断中加上下面一道题：

判断：π×直径=周长（一定），成什么比例？

不知道大家有没有试过，许多学生朗朗上口："π×直径=周长（一定），因为π和直径是两种相关联的量，一种量变化了，另一种量也随着变化，当π和直径相对应的数的乘积周长一定时，我们就说π和直径成反比例关系，它们是成反比例的量。"

这其实正如贲老师所言，学生是小和尚念经——有口无心，他们对问题的思考并没有深入，只关注表象、关注形式、关注套话。因此，教师在教学过程中必须努力给学生设置多种情境，让学生真正经历困惑，真正在困惑中思考，这样的学才真正有效。教学有时候越是求效率就越没有效率，或者说只是求得眼前效率。教学是慢的艺术，需要慢慢欣赏学生在学习过程中的惑与解。学生的理解与接受、学生的感悟与总结，都需要一个慢的过程，我们应该慢慢等待。

学生的常量被偷走了

拜读了浙江俞正强老师的《学生的时间是个常量》一文，非常赞同俞老师的观点，学生的时间是个常量，我们的教育要有边界，不要随意给学生增加课程与任务，对学生的时间常量要心存敬畏。

现在的学生特别辛苦，教育中经常出现这样或那样的事故，但对"谁偷走了学生的常量"这个关键性的问题谁都知道，谁都不说，如此下来，俞老师的文章在我看来只是蜻蜓点水般地提出了问题，提出了谁都能提的问题，却没有指出问题的关键所在，特别是当下某些人别有用心地误导，这种误导的结果就是教师，特别是语文、数学、英语教师偷走了学生的常量。

理由很简单，你的作业多了，你讲的内容复杂了，你的作业学生做的时间长了……

有时候许多教师不知道应该如何做。以数学教师为例，一个普通的数学教师一年的工作量是有定量的，但是如何完成是不确定的，为什么呢？

以学生的数学作业为例。有多少学生在课内学习完了就能够按时保质地完成作业和掌握知识呢？我们有没有统计过？我们有没有考虑过那些学习困难的学生，他们在同样的时间里能否掌握好所学知识，能否够正确解答问题？这个不用考虑，统计表明，许多一线教师根本无法去考虑。时间，你的时间在那里，即便教师是机器人，他可以不管家庭，他可以无休止地备课、改作业、辅导学生，完成各种规定内规定外的任务，但正如俞老师所言，学生的时间是个常量，从进校那一刻开始，学生的时间就被规定得牢牢的，他们有时间被你辅导吗？如果学生能力稍弱一点，他们有充足的时间去完成作业吗？我感觉应该没有或不够。

再如，我们都会遇到"运动"，各种各样的检查验收会打乱课程，随时让你的课上不起来，因为有更重要的任务，这个任务有多重要？不知道。

回过头来等到考试的时候，综合学科还好一些，但语、数、外的教师又如何面对呢？特别是如何面对学习困难的学生呢？这些教师往往心有想，力却无处使。

就以我的教学研究而言，我就深切地体会到学生的常量不够。但这无论是学生还是教师都无法改变，在对提高数学学困生能力培养的实证研究过程中，我通过与一个又一个学习能力稍弱的学生近距离交流、沟通、辅导，取得了一定的成效。但在此过程中，更多的是体会到无奈，无论学生还是教师都是"心有余而时不足"，时下而言，我们的课程是太完美了，完美得无法形容，但这种完美只适合全才的学生。以数学而言，如果学生的理解力和接受力不够强，他们能不能在教师备课过程中设定的规定时间内完成规定的作业？显然不能，只要你认真教书就会明白这个道理。专家一方面承认学生有差异，另一方面又设计出无差异的课程，这好像是个笑话。我认为真正的差异教学要基于学生的能力，部分学生可以在规定的课内学懂、做对、厘清，部分学生因为学习能力稍弱，对知识消化不到位，需要教师用更多的时间来陪着学生困惑、思考、交流、感悟直至理解，然后完成规定的任务。如果不假思索地按照专家的思路来教学，那最终的效果很可能就是这部分学生要么越学越差，直至完全跟不上，要么会花费大

71

量的时间去进行简单机械的重复训练，影响兴趣，要么就是家长花钱去辅导班再学……无论哪一种操作都只有一个结果，即学生越来越累，学习兴趣越来越弱，学习成绩越来越差。但是如果能够每天给学生留一个自由的时间，学生完全可以自由支配，或者自学，或者自主阅读，或者自由进行合理运动，如果当天知识没有掌握，学生可以与教师面对面交流，相信一定会在不同程度上促进学生学习的积极性，提高他们的主动性，他们对每节课所学知识的掌握程度也会越来越高……

真心期望那些偷走了学生常量的专家回头想一想，这样做能不能如你们说的一样，我们要不要在小学阶段设置一些学生机动的课。例如，我们小时候的自习课，学得不好的可以向教师请教，学得好的可以自由拓展、看书、练字等。学生、教师都需要适当的自习课，学生不需要那种又全又美的课程，真正的课程肯定有不足，也一定会有上升的空间。

生活缺位下的数学错误

《义务教育数学课程标准》（2011年版）指出，通过义务教育阶段的数学学习，学生能体会数学知识之间、数学与其他学科之间、数学与生活之间的联系，运用数学的思维方式进行思考，增强发现和提出问题的能力、分析和解决问题的能力。数学学习的过程其实是解决问题的过程。培养学生解决问题的能力是学习数学的四种能力之一，无论是发现问题还是提出问题和分析问题，最终都要落脚到解决问题上。

教学中，有时会发现一部分学生解决问题的能力比较弱，错得很离谱。对于这种离谱的错误，善于钻研的教师是不会放过分析、研究的好机会的。毋庸置疑，每种错误的背后都有其根源，分析研究，追其根源，对于学习能力强的学生而言是有益处的，但对于学习能力弱的学生而言，问题分析前需要解决一个重要的现实问题：学生是否知道问题为什么错了。学生如果知道，那就可以重新开始，经过审题、思考、改正，知其错而知其所以错，收获是最大的，解决问题的能力也能得到很大的提升。学生如果不知道，那只能在教师讲评之后再去思考解题时出现的错误。部分学生在解题过程中对呈现的明显错误不自知，才是最大的问题。错误不可怕，视而不见才可怕，许多错误本应该是一眼就能够根据生活经验判断出来的，但是在解决这些现实问题时，学生只是照本宣科，根本不知道自己错了，这才是让教师着急的地方。

令人遗憾的是，教师对于学生错误的认识更多的是基于对数学的理解，基于对数字的分析，并没有真正关注学生的生活经验，没有从学生能理解、易察觉的角度去分析问题，只是一味地分析数量关系，把问题和解决问题的类型相联系，死抠类型，思考空间很小。部分学生因不会分析其中的数学意义而丢失对现实生活的理解能力。

比如：自行车运动员每天要骑车训练10小时，骑行200千米。连续训练20天，一共要行多少千米？

本题常见的错误是：

$200 \times 10=2000$（千米） $2000 \times 20=40000$（千米）

答：一共要行40000千米。

面对这样的错误，许多教师会一味地放在对条件的理解上："自行车运动员每天要骑车训练10小时，骑行200千米"；或者会提醒学生这里的200千米不是1小时行的路程，应该是10小时一共行的路程，然后指导学生订正：$200 \times 20=4000$（千米）；或者对题目的表达提出异议：表述不清楚导致学生理解不清楚。有的教师干脆将题目改一下，在"骑行200千米"前面加上两个字——"一共"，这样学生理解就很难出错了。

对此做法我存有异议，因为本题还有更好的理解方法：生活视角。

学生的出错反映了什么？说明学生在解题时心中只有问题，只有数字，却不能站在理解生活的高度分析问题。自行车每小时能行200千米吗？无论是不知道还是没有想到，都说明了一个问题——学生学偏了，说句不好听的话学成书呆子了，不能从生活的视角分析问题。

如果教师介绍动车时速为200千米，自行车的速度也是200千米，不用多讲，学生都知道错在哪里了，自行车速度怎么可能与动车比？对比后学生就会发现对条件的理解出错了，不需教师再多费口舌。

再如：1/2+1/4

典型错误解法：1/2+1/4=2/6=1/3

从解答来看，学生已经掌握了分数的基本性质，缺少的是对运算法则的理解。教师应该如何帮助他们？是直接指出来，还是引导学生自己去判断？我认为学生的错误要他们自己去尝试发现才更深刻。学生能不能判断很关键，而这样的错误不需要思考算理和算法，只需要关注最基本的加法就能够理解。

学生呈现答案：1/2+1/4=2/6=1/3

师：请你读一下题。

生读完题后，师追问：请你说一说这道题中加数是什么？1/3是什么？

生：1/2是一个加数，1/4是另一个加数，1/3是和。

师：比较一个加数与和，你发现了什么？

生沉默一会儿：我好像错了。

师：你是怎么判断你出错了？

生：1/3比1/2小，加法不可能越加越小。

……

学生的感觉是对的，对加法的理解很到位，许多时候教师为了教学内容却忽视了对最基本判断的思考，如果只学新知却忽视对最基本、最基础知识的理解，是很可怕的。

又如，敬老院爷爷、奶奶的平均年龄分别为7.5岁、12.8岁；四一班学生平均身高4768厘米……

以上错误是学习平均数中常见的问题，教师在分析这些问题时往往都会说："题中给了什么条件？要求什么问题，需要如何思考……"

但现实是，即便再讲，仍然有学生不断出错，为何？学生对问题理解有一定困难，加上计算复杂，部分学生在解题时就会出现这样或那样的错误，有时并不知道自己错了，有时因理解困难而根本没有心思去分析，不知道错，更不会去思考为什么错。任何学生都需要具备对自己的解答有基本判断的能力，如这个答案合理吗？可能吗？

这样的判断能力不难获得，但令人遗憾的是许多学生都不具备。这可能与教师的教学有关，教师有没有关注或引导学生用最基本的生活常识来看待自己的答案呢？

如果学生具备这样的判断或者有这样的思考习惯，那么一定会减少许多可笑的错误答案。如果学生每次都能多花几秒来做这样的判断，那最终会不会提升他们分析问题和理解问题的能力呢？我想大家是心知肚明的。

在联系中比较，在比较中质疑

每到学期末，教师都要以各种名目让学生进行各种练习，在练习中发现学生存在的问题，通过进一步练习以图解决问题，力求使学生在最后的考试中取得较为理想的成绩，这可能是许多教师的心声。

练习中我们关注答案的正确与否，关注学生是否掌握了相关知识。不过有时候我们可以跳过对错，通过学生答题的状态来观察学生的"学"。下面就结合两个小问题来谈谈自己的体会。

1. 断而不连，缺乏通联

如下面两道题，前者是一份检测中的填空题，后者是一份检测中的选择题，填空在前，选择在后。

填空：一个直角梯形的上底是3厘米，下底是5厘米，高是h厘米，那么它的面积是（　　）平方厘米。如果把这个梯形的上底延长到5厘米，这时就变成了长方形，那么这个长方形的周长是（　　）厘米。

选择：一张三角形彩纸的底是a分米，高是8分米，它的面积是（　　）平方分米。

A.16a　　　　　　B.8a　　　　　　C.4a

一名学生在完成填空时，第一空是8h÷2，选择题的答案是C。从答

案来看无可厚非，都正确，但是前、后答案中有一个细节引发了我的关注，在用字母表示梯形面积公式时，他是根据梯形面积公式把数与字母代入，然后得出结果"$8h \div 2$"的。大多数学生也是这样作答的，可以算正确。

这两道题看似没有联系，但在我眼里却有问题，即便这个问题不大，我觉得仍然有必要关注，这是一种态度，更是一种能力。

你看算梯形面积时，他是根据梯形面积公式求解，过程如下：

（3+5）$\times h \div 2 = 8h \div 2$

在这里，他没有考虑到或者说当下能力还达不到将$8h \div 2$进一步化简得到$4h$，我们可以不判错，不批评学生。但是后面这道选择题，他也毫不犹豫地选择了C。

答案怎么来？根据三角形面积公式算：$a \times 8 \div 2 = 8a \div 2 = 4a$，这也是正确的。

将两道题孤立来看都没有问题，但是放在同一份试卷、同一次练习中，就看出了问题：为什么前面计算直角梯形面积时你没有进行化简，而到了三角形面积计算时你又可以进行化简了？

或许有人说这是选择题答案提供了，只有$4a$可选呀！我不这么认为，选择题的解答方式并不能完全依靠选。首先需要进行思考、进行分析，相信他已对本题进行了思考，也进行了解答，难道就想不出答案是$8a \div 2$？选项中没有此答案，那只能是$4a$。到这里学生有没有再想过$8a \div 2$与$4a$之间存在什么样的联系？

如果学生不想就凭感觉去找答案，这样的解答能行吗？

但如果学生能够想明白二者之间的相等关系，那么问题来了：在同一份练习中有两个相同的思考，其中之一你进行了简化，另一个为什么没有呢？

如果说填空完成在先，选择在后，似乎合情理，但又要问了，完成一份练习之后你有没有认真检查的习惯，检查之后你有没有想到后面的问题会对你有所触动呀，第一次没有考虑到的问题现在已经明白了，为什么检查时没有想过进行化简呢？

这其中有态度问题，更有能力问题，即根本没有从后续的解题中产生什么新的想法，学生的解答仍然停留在就题答题的层次。学生的学习是一种被动的做题，不能从解题中产生新的想法、新的收获，即便有，也不能把这种新想法、新收获用于其他问题的解决之中。这是大多数学生在解决问题过程中需要重视的问题，知识相连，当我们在不同时间遇到相通的问题时，需要把这些问题连成串来比较思考，这是每个学生都应有的习惯与能力。

2. 惑而不思，盲目跟从

如题：从一张长9dm、宽4dm的长方形硬纸上，剪下一个等腰直角三角形，腰长是6cm。最多能剪（　　）个。

这其实是一道不规范的问题，错误地出现在了试卷中，在完成此份练习，面对此问题的时候有相当一部分学生注意到了不可以用大面积去除以小面积，而是应通过划分的方式来解答，相当一部分学生的答案是180个，正确吗？从学生解答过程来看似乎符合命题者的心理。在这里对命题的科学与否不做思考，我要提及的是学生解答过程中的思考。

通过画图分一分的方式，学生可以从中分出90个边长为6cm的正方形，从而得到180个符合要求的三角形，请问所有的学生都没有注意到剩余部分是什么吗？

一个长90cm、宽4cm的长方形，这个浪费太大了呀，学生有没有想过可以通过其他方式将浪费减少呢？

有人会说4cm小于底边上的高了，仍然画不出来，但可不可以再调整呢？或者学生有没有这样的思考呢？

如果学生面对明显的问题不进行思考，面对明显的错误不进行质疑，

那么这样的学习价值何在呢?

　　如果我们的教学总是停留在见题解题中，学生就会陷入无尽的苦恼之中。我认为真正有意义的教学应该是培养学生科学、客观、独立思考的方式和态度。面对问题，学生需要有提出异议的能力，而不是简单地盲从。

探求解困方法，主动沟通释惑

一位年轻教师与我交流，他说："班里有个男生，文静听话，但是上课经常走神，平时家长在家抓得紧，一、二、三年级能上90分，为什么四年级却上不了90分，只有80多分？而且解应用题的思路基本上都是错的。我给他讲清楚了，让他在家庭作业本上抄好题再做，结果又是错的。"

听到这里，我结合自己的教学经历进行了思考。从这位教师的话语中我看到一个清晰的现状：学生的好有一个重要的原因是妈妈抓得紧。作为教师都应该清楚，在低年级，学生学法不论正确与否，只要家长抓得紧，只要不断重复训练，学生是能够取得较为理想的成绩的。这个成绩只是简单的分数，我认为与学生的学习能力不能画等号，再说低年级得90分以上也不是非常困难，于是我凭着自己的直觉跟这位年轻教师说："这个90分是抓出来的，不是学出来的，思路不能完全讲给他。如果完全讲给学生听，学生可能只是记住。真正地理解要让学生讲给你听，我认为学生是不是真会，关键在于会不会表述问题、分析问题。如果只是听，可能是暂时记住，但未必是会。"

进一步交流，我了解到这个学生之前经历了两个代课教师，这位年轻

教师是三年级接的班，经过一段时间的教学，他发现学生不会用数学语言来表达，对于应用题的思路不是太清楚。必须承认，代课教师的教学肯定会给学生带来一些负面影响，可以想象，代课教师没有与学生进行充分互动，不关注学生的思与困，只是简单地告诉学生怎么做，然后重复训练，学生缺少沉淀与反思。教学中，教师必须在充足的交流与对话中发现学生思维的困惑，感受学生智慧的思考，部分学生也必须经历困惑、经历体会，然后才能将知识内化。如果教师一上来就是完全告诉学生公式、方法、捷径，那么从表面上看学生是会了，但知识内容一多、知识点一复杂，他们就会产生混乱，出错正常，考试失分亦属正常。基于此，我提出了自己的想法：会不会某些知识点不通，理解不透，只是简单做，只是知道怎么做，不知道为什么，不会分析。

年轻教师很快发来了这个学生遇到的题目：小红围绕一个正方形广场走了5圈，一共走了20000米，这个广场的面积是多少平方千米？

这是一个熟悉的问题，我认为可以尝试分析错误原因，然后让学生反思，找出不足，特别是找出在思考问题过程中的不足。同时关注学生的错误点，帮助其总结与反思。这个题我们要让学生先读，不着急做，学生读通之后才会真正明白，因此必须读透题中每一个条件。

于是我和年轻教师进行了语音交流，通过交流我更深入了解了这个案例。对这个题目，学生一开始是这样算的，用20000÷5得到4000米，然后用4000米直接乘以4000米算面积。

从这个过程来看，我认为，学生的理解力不强，但是并不表示一无是处，至少他对单位的换算是知道的，也知道正方形面积的计算公式，似乎也对5圈有所理解，但是他对题意的理解存在困难，可能由于条件多了，理解不过来。

教师的做法是找学生单独分析，一步一步指着条件问，让学生说出每一步是什么意思，学生完全理解之后再让学生完成。这一次学生做对了，但是回家完成时又一次出错了。我的理解是，学生的对不是会，他并没有完全理解题意。基于此，我提出了我自己的想法，当学生解题出错时，最忌讳的就是直接指着错误问学生，我以为这样的分析对部分学生特别是学困生而言效果不佳。

第一，许多错误存在非此即彼的判断，理解的学生会直接做出正确的判断，那么不理解的学生呢？已经做出一次错误的判断了，下一次的判断是不是更方便一些？或者说没有选择地判断就表示学生真正理解了吗？

第二，当教师明确指出某些地方出错时，学生有可能在当时的条件下直接循着错误去思考，此时可能是无意间得出正确判断的，并不是完全基于自己的理解与思考得出的。

以此题为例，我觉得应正确面对，这也是提高学生认知的一个契机，可以如此操作。

先让学生读题，问条件，分析出题中有多少条件，每一个条件有什么用，根据不同的条件你可以想到什么，你能够求出什么，从条件出发步步追问，直到问透题意，让学生能够想通每一个条件为止，此时再一步一步解决问题就方便了。

当然，此题我更建议从问题出发问问题，联系条件来思考求什么？（求正方形广场的面积）怎样计算正方形的面积？（用边长乘以边长），在追问中可以唤醒学生的旧知。

现在边长知道吗？不知道。

那可以根据什么来求边长？周长。

周长告诉我们了吗？没有。

没有周长如何根据题中条件求周长呢？

学生很容易想到5圈就是5个周长。

这样的追问可以帮助学生一步一步厘清思路，或许对学生有所帮助。

　　学困生有时候的"困"并不明显，对于任何问题的分析和思考都必须以学生的思考为准，要努力让学生的思维动起来，这样学生才可能真正理解。否则即便我们启发、帮助学生借助画图理解题意、分析问题，学生也都是一种被动的接受，学生的理解未必深刻，出错也很自然。

小学数学教师课堂角色转型方向及其实现路径分析

数学是所有学科当中的一门基础性学科，有着十分重要的作用。小学数学对于小学阶段的学生来说，是一门必须掌握的重点学科。当前，我国在小学数学教学方面仍然存在传统应试教育观念突出的问题，在我国教育环境不断改进的背景之下，小学数学教育应当朝着素质教育的方向不断发展，而教师在教学过程中，也应当注重教学课堂角色的转型，将学生作为教学的第一主体，增强和学生之间的互动交流，打破传统的局限教育观念，从而有效提升小学数学的整体教学水平。本文在小学数学教师应具备的基本素养和教育教学现状等基础上，总结了小学数学教师课堂角色转型的必要性、原则和方向及其实现路径。

一、小学数学教师角色转型的必要性和原则分析

在教学教育的发展环境之下，促进教师课堂的角色转型是十分必要的，对于课堂教学水平和学生学习能力的提高都有着重要的作用。众所周知，教学整体质量水平的提升在于学生提高学习的积极性和自主性，

因此，必须通过有效的手段进一步释放学生的自主学习意识，让学生能够自主地养成互助学习的习惯。而这些目标的实现，在教育发展的背景之下，教师应当做好课堂角色的转型工作，由传统的"知识灌溉者"、导师，向现代化的"教学课堂协助者"、学友的角色转型。因此，小学数学教师要有不断创新的精神，打破传统而局限的教学模式，有效地运用现代化的教学手段。在实际教学过程当中，教师所开展的教学活动必须符合现代数学教学规律，基于当前小学数学改革的实践情况，教师课堂角色转型的具体原则有：教学方案设计必须符合当前教育教学发展的整体目标，并且以学生更容易接受的教学形式进行教学；由于数学方面的知识都较为抽象，所以教师在教学的过程当中应当注意讲解的方式方法，拒绝题海战术，始终以培养学生数学思维意识为目的，在学生掌握了基础的小学数学运算能力之下，不断提升小学数学阅读的整体能力和水平；加强学生数学核心素养的培养与提升，让学生在数学学习方面有更加大胆的学习思维；进一步实现小学数学课堂教学知识当堂吸收消化的目的，使学生学习的知识得到进一步的巩固和增强，从而获取最好的教学效果。

二、小学数学教师角色转型的方向研究

（1）弱化小学数学教师的权威者角色，提升教师的思想道德素质和人格魅力，和学生平等对话，成为学生的心灵导师。

角色与权威密切相连，权威只能在角色的要求下使用。为能有计划地将学生的学习与行为导入正轨，使自己成为学生模仿与认同的榜样，并有效地处理或改变学生的错失行为，顺利达到教育目标，教师必须合理运用其权力。教师的权威只有在被学生承认和接受时，才能有效地运用。教师如果误用或滥用权威，会引起学生的消极态度或激起他们的对立情绪，不利于教育目标的达成。教师应从教育专业的知识与技能及高尚的人格情

操方面表现自己，而不应以"权威"自居。教师行使权威的范围受学校类型、教学内容和教学方法等的影响。

另外，在教育不断发展和改进的背景之下，教师不仅要具有专业的知识技能水平，更要拥有良好的思想道德素质和人格魅力。教师思想道德素质的提升，对于教师工作积极性有着重要的影响作用，只有进一步提升教师的思想素质水平，才能够使教师在教学过程中始终以饱满的精神状态和热情投入教学活动，而学生也能够通过教师的情感受到相应的鼓舞和感染，进一步提升数学学习的积极性和热情。教师的人格魅力会对教学氛围的营造以及学生学习的带动产生直接性的影响，学生在教师强大的人格魅力之下，会激发起数学学习的自信心，始终保持良好的心态。除此以外，教师的人格魅力对于学生的个性发展也有着重要的价值作用。

"学贵得师，亦贵得友。"出自明代唐甄《潜书·讲学》，意思是学习以得到名师指点为珍贵，也以得到真正的朋友为珍贵。有益的教师可以是知心的朋友，有长处的朋友在某种意义上就是值得学习的教师。现代社会，对于学生，尤其对于小学生，教师应该减弱权威性，加强和学生之间的平等对话，真正做学生的良师益友。

（2）强化小学数学教师的研究者角色，遵循学生和教学发展规律，不断改进教学方法，保持发展后劲，做有准备的"应战者"。

由于每个学生的成长经历以及生活环境都有所区别，并且在数学学习方面的水平和能力不同。所以，教师在进行教学时不能采取传统"一刀切"的教学方式，否则，只会致使学生学习水平的差距更大。小学数学教师应当以实际教学为出发点，对于学生的个性化差异进行区别对待，了解和掌握班级每一位学生的学习能力和学习进度，有效实施针对性的教学法、分层教学法，从而真正促进学生学习能力的提升。

教师所具备的基础素养是当今教育环境之下教学改革的必需条件，除掌握包含现代化数学教学理论知识以及小学心理方面的专业知识外，

教师还应当具有过硬的教学技能水平，有运用现代教学技术的能力，能够顺应新事物的发展，具有教育创新理念和意识，教师所具备的基础素养对于在教学课堂中的转型有着重要的推动作用。一部分教育工作者为了能够提升教学的整体质量，通常会采取违背教学教育规律的做法，这种做法尽管在短期内有一定的效果，但对于小学教学工作的长期发展却是十分不利的。违背规律以及揠苗助长会给学生的身心健康带来十分不利的影响，使学生的学习积极性在后期受到打击，得不偿失。因此，作为启蒙的小学教师在转型的过程当中，应当注重教学规律的遵循，有效推进小学数学教学的可持续发展。

"念终始典于学"，念即观念、观点；终始即始终、自始至终；典即标准、法则；于即在于、就是。任何观念、观点，特别是符合时代进步要求的观点、观念，都是自始至终坚持了标准、严格的学习经历而获得的。同时，在本观念的引导下又开始了新的学习历程，在学习中养成学习观，再不断优化学习观，使得优者更优；学习观指导学习，又在学习中发展、升华为更优化的学习观；优化的学习观再指导学习者进行新的学习。现代教育环境下，要增强小学数学教师的研究者角色，遵循学生和教学发展规律，设计、开发更适合全体学生发展的课程，不断改进教学方法，保持发展后劲，做有准备的"应战者"。

三、关于小学数学教师角色转型的实践路径探讨

1. 构建良好的师生关系

教学活动的开展离不开平等和谐的师生关系，小学教师课堂角色的转型，必须打破传统的以教师为主体的教学模式，不断增强学生的主体参与意识，从而有效地构建起教学教育背景之下的新型教学关系，使小学数学课堂能够营造更加强烈的师生互动氛围。在转型的过程当中，必须摒弃传统的以教师为主体而学生为附属的师生关系，营造平等课堂

氛围，让师生能够在课堂上进行有效的交流和沟通，从而达到"教学相长"的目的，促进学生和教师之间的良好关系的建立。此种方式还有利于学生良好心态的构建，将过去的封闭转变为开放，同时，由于学生在课堂上主体地位的提升，也能够进一步提升学生的课堂教学参与感以及积极性，教学课堂才能够更加灵动而高效，进而促进师生之间知识共享能力的发展。

教师要注重学生民主和参与意识的培养，使学生能够通过数学的学习形成健全的人格。传统的教学模式之下，教师往往拥有绝对的权威，因此，学生的民主意识得不到有效的发挥。学生的数学学习往往是通过埋头记笔记以及大量的训练进行的，课堂上的参与度较低，这会让学生养成不爱参与以及不爱交流的学习习惯，对于学生初高中以及大学的学习都是十分不利的，因此，必须注重学生民主意识和参与意识的培养，使学生能够养成良好的学习习惯和健全的人格。

良好师生关系的建立，要注重课堂氛围的营造。在构建了轻松愉悦的教学氛围之后，要进一步开展与日常生活相关的数学教学。例如，在对长方形面积计算的知识进行讲解时，教师可充分利用学校的教室及讲桌等学生日常接触的事物，如让学生通过卷尺量出教室的长和宽，并通过计算得出教室的整体面积，这种教学方式更加具有生活感和代入感，学生也更容易接受。

2. 创新、实践更科学的教学方法

教师应当在课堂上充当教学方法的发明者和实践者。首先，教师应当具有前沿的创新思维，通过日常教学的总结和反思，不断改进教学过程中的相关问题，并有针对性地进行科学的教学模式创新，使其更能够满足学生的实际学习需求。教学经验的积累和对学生心理的把握是教学模式创新的重要来源。其次，教师也应当在日常生活中不断提升自己，始终保持终身学习的理念，顺应时代化的发展浪潮，从而创造更加有创新性且有效的

教学方式。

对于小学的教学来说，用讲故事的方式进行教学，能够有效地提升教学效果，故事化教学也是当前教育教学改革的重要方式之一，由于数学学科的特殊性，数学学习中的公式推导以及定理归纳和数学法则等都很难通过故事的形式进行教学。但是对于一些能够通过故事形式进行教学的数学知识，教师一定要当好故事的讲解人，使数学知识能够更加生动化，提高学生的理解程度。例如，在进行钟表相关知识的学习时，教师可以将钟表拟人化，通过模仿钟表的声音以及讲解与钟表相关的生动故事，进一步吸引学生的注意力，让学生能够在课堂开始之前联想到与钟表有关的故事，进行延伸拓展学习。教师不仅要通过讲解数学故事的方式进行教学，还要有效地引导学生联想自身与数学之间的故事，对数学当中的知识进行进一步的生活化感知，让学生明白知识来源于生活的道理。

除此以外，由于受到教学环境以及个人因素的限制，数学教师并不能有效地形成"人人创新"的局面，有很大一部分数学教师只是创新教学方式的实践者。尽管只是教学实践者，教师在开展教学的过程当中，也必须根据实际的课程教学情况进行，做到模仿中的创新。例如，教师在开展分层教学的课堂实践中，部分乡村数学教学课堂由于人数不足而不能够进行良好的实践，于是转变教学思维和理念，通过开展"发现生活中的数学"主题活动，有效地联动各个年级的学生，从而实现分层教学的目的，这样也有利于增强高年级学生的责任感，让学生在提高学习水平的前提下，进一步增强责任和道德意识。

3. 加强对学生数学能力的培养

虽然数学学科注重的主要是思维逻辑性的培养，然而，数学阅读在数学学习中的作用也不容小觑。因为大多数数学语言都较为死板生硬，难以激发学生的学习兴趣，所以应当通过有效的数学阅读教学方式提高学生的学习积极性。当前，我国大部分小学数学教师忽略了数学阅读教学，并未基于此方面采取切实有效的教学方式，而教师课堂角色转型离不开良好的教学方式。因此，教师在进行小学数学课堂教学的过程中必须有效地转变教学思维，注重数学阅读，并以此采取有效的教学方式。例如，在进行实际小学数学教学的过程中，应当结合课程的安排，为学生留下充足的阅读时间，让学生形成对知识的初步印象，从而有利于后续的学习。然而值得注意的是，教师在让学生进行数学阅读的过程当中，不应当布置课堂作业，否则就会使得课堂阅读形同虚设，发挥不了真正的价值和作用。

小学阶段的学习最容易影响学生个人后天的学习习惯和学习能力，因而数学阅读必须从低年级的学生开始，主要是由于此种能力有着较为长期的影响。为了使学生的阅读能力得以提升，教师应当教导学生拥有良好的预习习惯，在学生预习的过程当中，教师也应当进行有效的点拨，但应当给学生留足思考的空间，从而让学生在预习的过程当中养成独立思考的习惯。另外，要注重提升学生的数学语感，不能够片面地追求教学知识概念的完整以及全面性，而应当通过教学模式的改进，不断提升学生的数学预感，从而使学生的数学能力得到提升，而教师在此过程中也能够完成角色的转型。

在新时代教育发展的背景下，教师应当实现课堂角色的转型，打破传统以教师为主体的教学模式，增强学生的主体意识和参与意识。教师课堂角色的转型，要求教师必须营造良好的师生关系，要有终身学习和创新的理念意识，不断改进教学过程当中的方式方法。另外，除引导学生掌握基础的运算能力外，教师还应当注重学生数学阅读能力的培养和提升。总之，育人的最终目的是使学生成长、成才、成功。在育人的过程中，师生都要不断追求经心、精心！

利用数据分析足球活动对小学生
身体素质的影响

一、引言

1. 提出研究问题

小学生正处在身心健康和各项身体素质发展的关键时期。这一时期的小学生身体形态、机能、素质生长发育水平和速度的高低，不仅关系到其个人健康，还会影响祖国未来的发展。近二十多年来，我国青少年学生体质健康水平的持续下降引起了国家和社会的高度关注，提高青少年学生的体质健康水平需要社会各方面的共同努力。近年来的研究表明，我国小学生的身体健康总体状况在不断地改善，但是仍有部分小学生的体质呈现明显的下降趋势，特别是与运动能力有关的身体素质。小学是身体发育的关键时期，同时小学生正处于生长发育的动态过程，所以在小学阶段提升学生的身体素质具有重要的意义。研究发现，一定强度、持续时间和频率的运动训练对个体的健康发展有着重要的作用。足球是当今体育产业发展中较受欢迎的运动项目之一，同时足球的发展相对于其他运动而言，较为成熟。但是，我国足球运动的发展现状并不理想，提高我国足球运动的水平关键在于促进足球运动在我国小学生中的开展。研究显示，足球能够促进长期运动者的骨骼增长与增粗，加快肌肉的发育；同时，能够使学生在速度、力量、灵敏等基本身体素质方面得到很好的发展。

本研究以济宁学院附属小学7～8岁二年级学生的体质健康水平为研究对象，以足球训练活动为干预手段，旨在研究两者之间的相关性，以及足球训练活动对小学生身体素质的促进作用。

2. 研究意义

（1）理论意义

青少年足球的发展情况直接影响着一个国家足球运动的整体水平，而校园足球运动则是青少年足球发展的重要途径。足球运动的可持续发展，有力充实了学校的体育文化内涵，潜移默化地影响着校园的精神面貌，促进小学生德智体美劳全面发展。

（2）实践意义

本研究旨在丰富学生的课余生活，在此基础上结合学校实际开展足球训练活动以及小学生身体健康体质测试。选择体质测试中身高、体重、肺活量、50米快速跑、1分钟跳绳以及坐位体前屈六个项目为实验对比内容，将参加足球训练活动和未参加足球训练活动的学生进行比较。以此为切入点，梳理出两者之间的相关性，以及足球训练对小学生身体素质的促进作用，为以后设置更完善的体育课程、课间操、课外活动等贡献一份力量。

3. 文献综述

各种研究表明，目前我国中小学生的身体素质呈现下降的趋势。因此，开展什么样的体育活动可以达到增强体质的作用成为广大学者研究的热点。随着"校园足球"的逐步推广，足球运动在校园中大幅度开展。国内外学者对于足球对学生身体素质的发展有哪些作用的研究更是数不胜数。

　　我国学者王姝祥在研究中指出，12周的足球干预对9～10岁男童的选择反应时、闭眼单脚站立、1分钟仰卧起坐、50米快速跑以及立定跳远等具有较大的促进作用。此外，王姝祥还在研究中指出，足球运动对于学生的肺活量、体脂等具有促进作用。我国学者乔媛媛等也指出，足球训练可以迅速降低学生的脂肪含量，改善学生的身体形态，有效控制学生的肥胖状况。无独有偶，我国学者李旭龙等的研究指出，对于6～12岁儿童，同一般性锻炼相比，足球运动在提高下肢力量的同时能更为全面地提高踝、膝、髋关节本体感觉，从而更好地改善平衡能力。

　　国外学者对于学生身体素质的研究开始得更早，早已形成体系并提出了许多可以测量学生身体素质的工具。不仅如此，国外学者很早就开始注意到学生身体素质发展的重要性，并进行干预。干预的手段多种多样，如瑞士体操、户外攀岩、美式橄榄球、英式足球等，研究的类型更是数不胜数。外国学者Baran在2013年的一篇研究中指出，对于智障儿童与非智障儿童进行专业的足球训练，可以有效改善智障儿童落后的身体素质。外国学者Zoran在他的研究中指出，与中等强度力量训练、跑步相比，6个月的休闲足球运动对于身体健康的贡献率更高。

　　综上所述，无论是国内还是国外，对于学生身体素质和足球运动的研究有很多，更是有许多学者指出足球运动对于学生身体素质的发展有显著的促进作用。综观众多研究，大多数学者对于足球运动的研究仅仅停留在横向上，即使有纵向研究，时间也较短。本研究试图通过对课后服务导向下的足球社团活动进行研究，进一步梳理出足球运动对于小学生各个年龄阶段的身体素质的影响程度，以及具体对哪种身体素质的影响贡献率更高。从而对学生做出更好的指导，让学生可以根据自身的不足与优势做出选择。

二、提出研究假设

1. 研究问题

足球训练活动与小学生身体素质有怎样的关系？

2. 研究假说

足球训练活动能够提高小学生身体素质。

3. 概念界定

（1）足球训练活动

本研究中的足球训练活动定义为进行每周5次、每次1小时的足球社团活动。

（2）身体素质

本研究中的小学生身体素质是指体质测试中身高、体重、肺活量、50米快速跑、1分钟跳绳以及坐位体前屈六个项目的测试成绩总和。

为保障测量的信度及效度，正确合理地对学生进行体质健康评价，采用教育部、国家体育总局联合发布的《国家学生体质健康标准》对学生进行测试，该标准对于各个年龄阶段以及每个运动项目均有具体的评价标准。学校体育教师每年按照教育部的实施要求，制订学生体质测试的实施计划和方案，保证了结果的一致性和稳定性，能够全面反映出小学生的身体素质。

三、研究设计

1. 研究方法

本研究所采用的研究方法是准实验研究。

2. 样本选取

实验组：济宁学院附属小学二年级50名学生，其中，男生25人，女生25人。

对照组：济宁学院附属小学二年级406名学生，其中，男生215人，女生191人。

从中国知网、百度学术以及图书馆等查阅文献40多篇、图书10余部，为本研究的开展奠定了坚实的理论基础。本研究实验分为前测和后测。前测时对所有学生进行体质测试，对学生体质摸底，后测是经过一年的足球训练活动后对学生进行体测，确定学生的发展情况。前测之后，对于没有参加足球训练的学生（对照组）进行正常的体育教学以及常规足球课，对于参加足球训练的学生（实验组）除进行正常的教学外，还要进行每周5次、每次1小时的足球社团活动。

最后将测试所得的原始数据输入Excel表格中进行整理、统计，然后再将数据导入SPSS 25.0软件进行处理和分析。用描述统计分析学生体质发展水平，用配对样本t检验比较实验组与对照组组内实验前后各指标的差异，如果p值<0.05则表示实验前后学生体质的各项指标有明显差异，具有一定的统计学意义，如果p值>0.05则实验没有意义。

3. 研究步骤

第一阶段（2周）：对参与实验的教师进行培训，收集文献资料，确定研究对象，制订研究计划。

第二阶段（1周）：对实验组与对照组的所有学生分别进行体质测试，收集数据，分析计划的可行性。

第三阶段（1学年）：组织体育教师对对照组学生进行常规教育教学活动，对实验组学生在正常的教学活动外，进行每周5次、每次1小时的足球社团活动。

第四阶段（2周）：再一次对实验组与对照组学生进行体质测试，收集与分析数据，对比前测和后测成绩，得出研究结论，撰写报告。

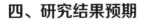

四、研究结果预期

本研究由我校课教中心牵头，体育组14位教师组成，具有一定的教育教学研究能力。本研究预期足球训练活动对学生与运动能力相关的身体素质具有显著的影响作用。本研究结果可以为我校特色课程的研发提供依据，为大课间开展课外体育活动提供参考。研究成果将以研究论文的形式呈现。

五、讨论与提高

本研究中的实验对象相对于研究对象而言，样本量存在偏少的情况，在以后的研究中可以更多地融入性别方面的分析，进而梳理出更详细的学生体质发展水平。本研究仅仅围绕学生身体素质发展进行了研究，并没有进行情感价值观方面的深入研究，仅仅通过训练队教师与学生家长了解学生的表现，建议在以后的研究中加入心理评价量表、学业水平测试、学生的自我感受等方面的内容。

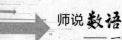

角色转换，我"形"我"塑"

——也谈中小学一线教师成为研究者之困境分析及实践转向

英国课程理论家斯滕豪斯说过："教师应该成为课堂的研究者。"的确，作为一线教师，不能仅停留在对学科教材的简单理解、教法技能的粗浅掌握上，还应再添加一重身份——研究者。早在2002年，《教育部关于积极推进中小学评价与考试制度改革的通知》中便提出"学校应该建立以校为本、自上而下的教学研究制度"。后来，《国家教育事业发展"十三五"规划》中也强调"要加强教师教研新模式的探索与推广""健全和强化各级各类学校教研制度和机构，加强教研队伍建设"。由此，多年来的基础教育改革实践确实深化了人们对教科研的认识，不少学校也明确提出了"科研兴校、科研先导"的办学理念。然而，基于调研和文献分析，我们却发现，当前一线教师要成为研究者还是困难重重的。那如何破解，实现转向呢？下面笔者拟结合个人工作环境及成长历程，与诸位做一探讨。

一、困境之审视：基于现状的梳理

审视方能前瞻，一线教师之所以"难以成为真正的研究者，收获卓有成效的研究成果"，在很大程度上取决于以下两点。

1. 认知的偏差

（1）窄化

倾向于"实用"。中小学教师之所以愿意成为研究者，是因为最初大多在意其实用性而不是学术性，尤其是重视经验和活动所带来的现实价值。这一点，不难从教师的态度上来印证，教师参与教研的热情明显要高于科研。事实上，这也特别符合实用主义的观点——"信仰和观念是否真实，在于它们是否能带来实际效果"。也恰如此，导致广大一线教师忽略了参与研究的本真追寻，弱化了研究在发现教育规律、解决教育问题中的重要作用。目前，不少教师的自我认知依然停留在较低层次的技术性层面上，未达到较高层次的实用性和批判性反思。在教研中，教师依然为提高学生分数而更乐于探究"立竿见影"的教学资源，更倾向于"见效快，疗程短"的实操技术；而在科研中，则更乐于机械地、不假思索地"拿来主义"，却不愿深思背后的"为什么这样做"，长此以往，难免理论知识匮乏，只能"知其然而不知其所以然"，进而认知更显窄化，难以触类旁通。

（2）虚化

倾向于"浅表"。理论先于实践，理论的浅表化势必影响实践走向深处。因此，对照当下教师的研究环境便越发让我们心生担忧。第一，专业人士的匮乏。有调查研究表明，"听专家报告""校外交流研讨""参与课题研究"所占的比例分别仅为30%、25%、8.3%，而参加校内听评课高达95.4%。尤其受区域限制，教师很难接触到真正专业的引领。第二，部门职能的变异。当前教科研部门普遍由专业引导变成了行政领导，如学科教研员，这个理应由既具一线经验又有专业素养的人才来担任的职位，却变成了领导岗，难免让更多教师失去成为研究者的导向。第三，专业理论的误导。目前不少流行的时髦词汇，如行动研究、扎根理论等，让教师"乱花渐欲迷人眼"。再者缺乏深入理解，难以准确定位，直接导致教师畏难退缩，更让研究趋于浮表。

2. 行动的滞缓

认识上的偏差自然导致行动上的滞缓。针对各种乱象，我们亦进行了归纳。

（1）泛化

倾向于"形式"。相较于认知的窄化，泛化则更表现为践行过程的解读趋于盲目。说白了，即研究主题往往缺乏厘定，容易范围偏大；研究方法脱离实际，不能有针对性地解决问题。往细里讲，就是一线教师开展研究时缺乏思考，找不准路径，通常过分依赖于他人经验而追求形式上的类同！以最为常见的课题研究为例，往往表现为：选题过于热衷教育热点而忽视了本校实际；文献综述多泛泛而论，根本难以凝结于点，细化于本；方式简单粗糙，难以保障基本研究；根本不了解已往的研究，只关注论文的发表，致使研究重复化、拼盘化，再者，单打独斗难以形成共同体。那么久而久之，自然会忽略精神的投入，漠视方法的适切，势必出问题！

（2）碎化

倾向于随意。教师的研究，不仅内容上大多临时起意，过程上也多缺乏系统设置，短暂性和随意性比较突出，所以，不少教师容易为赶潮流或应付上级而研究，行动层面上势必缺少"研"的深度及层次。再者，学校也缺乏系统性的规划和指导，以至于整个学期下来，各种引领活动缺乏深入的研究推进，对于好的经验和研究成果也缺乏归纳、提炼。

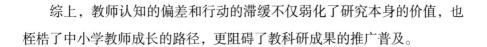

综上，教师认知的偏差和行动的滞缓不仅弱化了研究本身的价值，也桎梏了中小学教师成长的路径，更阻碍了教科研成果的推广普及。

二、归因之阐释：指向症结的分析

1. 主观因素的影响

（1）理解不足

教师只有转变陈旧的学习观念，采取新的学习措施后才能加快成长。前文已提及，多数教师对"成为研究者"在认知理解上存在偏差，往往把教科研当作学校工作，而没有认识到那是促进自身专业发展的有效措施。如在应试教育影响下，提高成绩依然是教师关心的重点。因而，所谓研究只是为教师经验交流提供便利渠道，其自我反思依然停留在技术层面。这样的研究仅是活动，而非助力！

（2）缺乏认同

目前，大多数教师缺少参与的积极性，对各种教科研活动的开展表现出一种可有可无的态度！甚至不少教师虽深知其中的益处，但迫于工作的压力、生活的困惑、心理的失衡，往往表现为职业倦怠。因此，亟待对症下药，增强其自我效能感，用丰富多彩的活动来缓减疲倦，激发热情！教师只有从"要我学"转变成"我要学"，才能真正实现突破。

2. 客观因素的影响

（1）上级忽视

不少学校的教科研未能深入真实的教学情境，导致一些主题存在虚假性、无效性，部分教师甚至抱着"我能来就不错了"的心态参与。之所以会这样，很大程度上是由于研究本身未能满足教师的内在需要，而再细究，何尝不是由于上级部门的导向问题。当下的学校教科研大多"自上而下"展开，而这种带有"行政味"的研究很难保证不成为"作秀"，因而

大大限制了教师专业发展和创造性的发挥，同时与教学目标相悖，使研究脱离了教师的实际。

（2）保障缺失

各中小学几乎都有开展教科研活动，但有的学校忽视了制度建设；有的学校虽建立了制度，但存在僵化、缺乏有效监督、执行不力等弊端；有的学校则缺乏规划，各科室职责不明，对教师的引导不足；有的学校资源投入不足，各项经费使用存在不合理现象；还有的学校评价体系不科学，导致教师功利心态较重，阻碍了专业的发展。

三、践行之转向：立意重塑的改进

发现了问题，明晰了症结，那么如何在具体的践行过程中改进，以便让教师成为研究者呢？下面我尝试从意愿转向、价值认识、行为改进以及保障条件四个方面来解读。

1.意愿转向

从被动到主动。心理学研究表明，积极的情绪状态能保证并促进个体学习活动的顺利进行。"被动与主动"作为两种不同表现，足以彰显人的两种不同意愿。由此可见，教师选择何种倾向很关键！"被动研究"是教师基于外在诱因和强制下的行为；而"主动研究"则是教师基于对自身专业发展的一种内在需要，是个体自觉自治的行为，标志着教师主体意识的觉醒。因而，我们首先关注了教师意愿的转向！当然，这也在无形之中解决了教师从事教科研工作的动力问题。这里主要建议各级主管及学校要建章立制，营造出崇尚研究、乐于研究的良好环境氛围，鼓励教师自我学习与反思。事实证明，中小学教师对自身专业发展的认识、理解和信念，大多来源于个体内部的构建，而其主要途径便是自我学习与反思。总之，解决好动力机制问题，使教师从"要我研究"转向"我要研究"，既实现了从外因推动到内在驱动的转变，更让教师对成为研究者有了期望！

2. 价值认识

从分离到融合。部分教师对"成为研究者"认识不足，甚至功利倾向明显！这也导致研究价值取向上一味追求高大上，而较少关注所做研究对教育实践的指导意义及作用，进而致使研究过程中理论与实践脱节，"两张皮"现象严重。何以改变？南大郑毓信教授的一句"理论的实践性建构，实践的理论性反思"为我们揭示了教科研的本质，理论与实践融合的真谛。实践中我们应尝试以下三点：第一，深度学习相关理论知识。作为教师，需要不断地学习以更新知识、提升经验，从而有效克服自身经验的局限性和片面性，化解职业倦怠危机和高原现象。第二，高度重视研究融合过程。开展研究，最终的结果虽很重要，但更重要的是享受过程中的美好。从结果性评价走向过程与结果并重的评价，注重过程与结果的融合，研究自然就成了日常。第三，正确定位，以研促教。当下，不少中小学倡导"向教科研要质量"。是的，诸多事实表明，只有理论指导下的实践研究才能最大限度地发挥融合功效，解决问题。

3. 行为改进

从粗犷到规范。许多学校因层级管理模式化使研究脱离了课堂。如此"粗犷"的做法往往难以反映学校的"真实"情况，更难获取实用的"效度"。对此，建议关注以下几点：第一，转变"自上而下"的研究模式。原有的研究模式虽起到了规范作用，但同时约束了教师。上级部门给出的研究主题往往缺乏调研、收集，难具针对性，因此各级主管要重视问题的甄选。最好能在"自上而下"的规范中保持"自下而上"的互动，这样才能发掘"真"问题，筛选出"好"问题。要知道，不是所有的问题都值得去研究，只有深挖问题背后的意义和价值，才能充分获取实效成果。第二，创新"日常化"研究形式。学校要让教师成为研究者，则必须唤醒教师的认同感，让研究随时发生，成为日常！以集体备课为例，以往我们都是"定时间、定主题、定形式"，一板一眼，循规蹈矩。而事实上，办公室研讨可以随时发生，甚至由于不同学科教师的参与，更利于形成一个多层次的动态教研模式。这种互动对话式的转变让研究更接地气，更易满足需求、促进发展。因此，研究形式的多变、规范，也是未来转向的定点。第三，组建"协同共长"的研究团队。当前是一个合作共享的时代，任何成功都离不开团队的助力。中小学教师搞研究更需要摒弃"单打独斗"的思想，转向协作共同体。佐藤学教授讲过："学校本身就是一个大的学习共同体，只有借助团队，方可集思广益，开拓研究广度、深度，实现多方共赢。"就此，我们不仅拟定制度激励骨干，给教师"示之以发展之道"，还成立了各级各类名师工作室，让教师们"抱团取暖"。

4. 保障条件

从封闭到开放。社会是开放的，发展理念自然也应开放。中小学教师走出教室，融入社会，拓宽视野，是有利于其拓展研究认识的，如参观校外的博物馆、科技馆等，而不是仅仅局限于课堂内与学校内。再者，教师的研究有别于具体知识学习，其不仅问题开放、研究过程开放，研究结果也具有一定的开放性。就此，我们提出三个开放：第一，空间的开放。不能限于课堂、学校，而应打开地域空间。第二，资源的开放。不论是主题教研还是课题研究，都要做好文献综述，要积极收集一手资料，尤其要注重原始资料的汇编。第三，形式的开放。新冠肺炎疫情的冲击，网络信息技术、数字化技术给我们带来新的机遇，让我们越发感受到线上研究的快捷，如"互联网+"形成的网络教研新模式，打破了传统地域化的限制，极大地拓展了教、科、研的交流合作空间。

总之，"成为研究者"是困难的，但作为新时代背景下的必然选择，我们无论如何都要勇敢地迈出这一步！正如南洋理工大学张延明教授在《教师的角色转换》中所讲："教师必须有效地应对环境变化及其职业发展过程中的角色转换挑战，否则定将被淘汰。"路漫漫其修远兮，未来让我们互勉共进！

做学生喜欢的教师

　　大学毕业，经过层层选拔，我终于带着一份憧憬再次走进校园。只不过，这一次身份改变了，成了一名小学教师！我激情满满，立志做一个学生喜爱、家长认可、领导满意的好老师！

　　没想到的是，第一天踏上三尺讲台，我就被学生烦得无可奈何。上课铃声都响完了，仍有不少学生旁若无人地推门直入，我自我安慰"算了，慢慢会好的"。5分钟后，学生稳定了情绪，我开始情绪激昂、眉飞色舞地讲课了。再看学生，大多在听，仅有几个人各忙各的。忙归忙，没有明显捣乱的，倒也相安无事。因为情绪会传染，再后来听讲回应的人越来越少了，不知不觉我也受到了影响，课越讲越糊涂。教室内开始议论纷纷，我敲桌子说几句，刚安静了，我再讲，底下又窃窃私语，天哪，头疼！这可怎么收场？

　　接下来的几天，情况更糟，无奈燃尽了我最初的激情，课堂竟然成了我拒绝走向的地方！这种情绪一直持续到休假回家得到一位亲戚的点拨前。我那位亲戚也是其学校的"名师"，对数学教学很有一套，他不仅告诉了我一些教学的技巧，更告诫我："对于刚接班的学生千万不能给他们好脸，作为男老师，你得让他们怕你。"于是，回到学校，我一改往日的平和，只要学生犯错，我就试着毫不留情地将他拽起来，声嘶力竭地训一顿。慢慢地，课堂真的有了很大改观。由此，一发而不可收，我忘记了自己入行时的理想，心中只有几近苛刻的严厉，我成了名副其实的"严师"，"严厉"成为我对付学生的无上法宝。上课前，学生必须早到，提前摆好学习用品；进了教室必须鸦雀无声、静待上课；课堂上学生必须认真听讲，规范练习，课后作业要保质保量。

　　除了对学生严格要求，我自己也没有停止学习，我深深地知道，知识是水，魅力是舟，魅力需要知识的承载方能显出更迷人的风采。当今世界，知识更新日新月异，教师作为知识的重要传播者和创造者，只有不断学习，才能掌握最新知识动态、更新优化知识系统，才能为学生的发展提供最优的精神食粮。

　　也是那几年，我带的两个班级的数学成绩年年名列前茅，这样，我成了校长、家长以及老教师们眼中的后起之秀，自然也就没有人怀疑我的"严厉"、责问我的"体罚"了！我甚至沾沾自喜，更别提反思自省了！

　　后来，学校给我安排了成绩倒数的班级，班级事务相较于以往便有所"松懈"，最直接的体现就是不再过分关注成绩，少了那份"严厉"，反而愿意与学生互动交流了。（当然不能坑学生，学习方法、课堂练习指导，多年的积累养成的让自己不敢懈怠的习惯，一如既往！）原以为成绩会不好！谁知，恰恰相反，学生对我格外亲，学数学也热情，接手的班级学期检测成绩反而大幅提升！以至于之前对我十分担忧的分管领导都盛赞"高手就是不一样"。"什么高手？"我明白自己的工作态度，也很诧异！更让我自惭形秽的是学生写给我的新年贺卡，"敬爱的孙老师：跟您学数学真好，虽然有时很累，但我们都很乐意！谢谢您，祝您新年快乐！（附言：老师，原来您没有他们传说的那么凶！）"那一刻，我收获了喜悦，更收获了一份反思。曾经，学生时代对教师的粗暴深恶痛绝，而现实中却应用得那样得心应手、理所当然。我郑重地告诫自己："亲其师，信

其道。"端正态度，重新定位自己的为师之路！

现实中，师生关系不再如同过去的"一日为师，终身为父"，而是更多了亦师亦友的温馨色彩。所以，拥有平和宽容的心态，做好我们身边的教育，学生牢记的将是我们留给他们的烙痕。做学生喜欢的教师其实很简单！

成长路上追逐梦想

我是来自孔孟之乡——济宁学院附小的孙鲁。子曰："知之者不如好之者，好之者不如乐之者。"19年前的暑假，我大学毕业后，来到附小工作，一直教小学数学。时至今日，我从未离开过。我热爱数学教育，深爱数学课堂。从2014年起，我以"上灵活的课，学有趣的数学"作为自己的教学追求，以灵趣课堂为研究目标，从理念、课程、实施等多个维度对"灵趣数学"进行了系统的研究。

一、"灵趣数学"的核心理念

学习兴趣是指一个人对学习的一种积极的认识倾向与情绪状态，是个体学习知识的开端、培养求知欲的基础，对学生的学习至关重要。而数学课堂教学的灵活多变、新颖简洁是学生深度学习的兴趣所在。基于以上认识，"灵趣数学"的核心理念是永远关注学生需求，通过创设有助于激发学生学习兴趣的教育要素，使学生产生主动学习的意愿，进入主动积极的深度学习状态，培养学生的数学学科核心素养。

"灵"是"灵趣数学"的核心要义，主要有三层含义：一是课堂之灵。这主要指课堂教学的灵活性和新颖性。二是育人之灵。在课程架构、

设计、实施、评价等方面力求充分体现育人的灵活性。三是成长之灵。它体现了"灵趣数学"的终极目标——促进学生的成长,这种灵活性主要体现在创新能力、解决问题的能力上。

"趣"是"灵趣数学"的重要特征,主要体现在三个方面:一是展现学科本身之趣,二是创设学习过程之趣,三是激发学生学习兴趣。"灵趣数学"通过呈现数学学科本身所蕴藏的规律,趣味化的课程内容,灵活多样、新颖活泼的教学方式,多感官共同参与的学习方式等让数学学习过程充满乐趣,有利于帮助学生获得成功体验。

二、"灵趣数学"的课程体系

在西南大学宋乃庆教授课题组的指导下,我带领骨干教师把数学文化与课程密切结合,通过设计基于学科问题的主题学习活动,建立了有助于教师、学生、课程、课堂文化之间多向交流,引导学生持续发展学科素养的"灵趣数学"课程体系。目前,这一体系由"灵趣数学史""灵趣数学家""灵趣数学美"三部分组成。2017年,学校被教育部基础教育课程中心评定为"全国数学文化实验学校"。如今"灵趣数学文化课程资源的案例研究"已成功申报课题研究。

三、"灵趣数学"的教学实施

与学生做朋友,让学生喜欢上数学课是我从教以来的最大心愿。以"灵""趣"为抓手,把学生的"学"作为出发点,把教会学生学习、提升学生思维水平作为教学的主要价值追求。灵活、机智、风趣、幽默而又扎实高效是我的课堂标签,也是我的教学风格。在教学实践中,我逐渐总结出"灵趣"课堂的教学流程(见图2-2)。

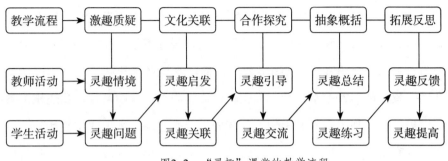

图2-2　"灵趣"课堂的教学流程

　　我多次在学校和全市公开课上展示"灵趣"课堂教学，也有与国家级教学专家（吴正宪、华应龙老师）的同台竞技，还曾去偏远学校（泗水、汶上、任城等地）"传经送宝"；曾经三次应邀到兖州区开展培训，连续4年担任山东省远程研修省级课程团队专家；所执教的课获山东省优质课比赛一等奖、济宁市优质课比赛第一名的好成绩；先后被评为山东省教育学会小学数学教学先进工作者和济宁市教育教学工作先进个人。

　　在科研道路上，作为学科领头人的我，积极参加各级各类课题研究。近5年来，本人主持的省级重点课题《小学高年级学生数学课堂不良学习习惯的分析与纠正》已顺利结题并获省级优秀成果一等奖。参与研究的山东省教育科学规划重大攻关课题《翻转课堂教学的理论与实践》的子课题《翻转课堂视域下的学科教学的微视频制作研究》顺利结题（位次2/9）。本人撰写的课题论文《翻转课堂视域下小学数学教学的微视频制作》发表在核心期刊《中小学教育》上。由本人主持的人民教育出版社《孔孟之乡优秀传统文化课程的建设与区域推广》的子课题成功立项。我参与开发的山东省远程研修课例"在探索规律中渗透模型思想"被评为省级优秀课例，在全省学习推广。我的多篇教学论文分别发表在国家级和省级教育核心期刊《小学数学教育》《中国校外教育》上。2017年，我被评为济宁市教育科研工作先进个人。

在团队建设上，我带领附小教育联盟五校区的教师积极开展学科培训、远程研修、书友沙龙、青蓝工程等活动；每年承担新教师、新课标、新教材、远程研修和"一师一优课"的培训督导考核工作，学校两次获山东省远程研修先进单位。近6年来，我带领教师书友开展了28届读书沙龙活动，累计读书70多本，师生大阅读已成为附小的亮丽名片。我还积极参加农村学校（泗水县岔河小学）和薄弱学校（北湖二小）的支教活动，在两年的帮扶中，被评为优秀指导教师。在引领青年教师成长方面，我付出了诸多努力，积极负责学校和联盟校间的青蓝工程，指导师范生见习听课。一分耕耘一分收获，我所带的徒弟中，一人获第三届全国小学数学文化优质课比赛一等奖，本人被评为优秀指导教师；一人获山东省优质课比赛二等奖；四人获济宁市优质课比赛一等奖。我分别被山东省教育学会小数专业委员会和济宁市教育学会小数专业委员会聘为理事，两次获国培计划优秀学员称号。本人先后被评为济宁市教学能手、特级教师。

"志之所趋，无远弗届。"成绩代表过去，今后我期望以齐鲁名师人选为新的起点，既要仰望星空，又要脚踏实地，让"灵趣数学"落地开花，结出硕果。

作业减负，到底何去何从

——区域作业改革的现状及政策建议

2021年暑假，对教师、家长、孩子以及教育管理者、培训业者来说，最热门的话题无疑是"双减"。何谓"双减"？其源于中共中央办公厅、国务院办公厅7月出台的一份文件，即《关于进一步减轻义务教育阶段学生作业负担和校外培训负担的意见》，它指向的是"作业负担"与"校外培训负担"，其中"校外培训负担"的治理力度，我们已深有感受！那"作业负担"呢？下面就让我们一起结合现状及相关政策的解读，对作业改革做一探讨。

一、背景解读

首先，北师大教育学部的舆情监测表明，"多年来，中小学生作业负担问题一直高居舆情关注排行榜的前三位。大量的教辅作业，使得中小学生的个人主动学习兴趣减退，学习动力严重欠缺，同时也损害了学生的身心健康，造成诸多社会问题"。

其次，笔者在调研过程中也发现"区域学生作业仍存在不少问题"。

1. 作业功能被改变：成为追求分数、惩罚学生和转嫁压力的手段

受传统教育观的影响，认为作业是课堂学习的延续，教师布置适量的作业也是职责所在。然而，事实却是作业的功能有时被异化，其主要表现为：①受应试教育的影响，部分教师简单地将作业数量与学习质量等同，进而给学生布置大量重复性、记忆性的作业，以期提升学生"分数"；②面对课堂纪律差、作业不达标等常规管理问题时，有些教师缺乏经验，直接"惩罚"学生做作业；③个别教师为减轻课堂教学时间紧、任务重的压力，采用布置作业的形式让学生回家由家长指导做作业。

2. 作业质量失控制：内容选择上缺乏创设，数量难度上缺乏规范

针对不同学校、不同班级开展的问卷调查发现：①作业内容与学习目标缺乏关联，随意性与碎片化严重，往往缺失体验，仍以机械强化为主，缺乏作业设创，难以分层教学；②学生完成作业时间过长，可见作业要么数量过大，要么难度超标，这都极大地增加了学生的心理和行为负担。

3. 作业管理少效度：作业标准及学科协调存在不足

作业管理是提高作业质量的重要路径，然而目前作业管理却存在一定漏洞：①单科作业标准要求繁杂，如每周布置多少次、批改多少次以及如何写评语等；②学科间的作业统筹缺乏协调，很少统计学生每天整体作业量如何，导致学科教师不了解学生作业量，进而竞相布置。

以上问题的暴露，让人难免唏嘘：学生作业现状不容乐观！尤其是改革的导向，既要强调控量减负，又要关注赋值增效，这样才能实现高效管理，在为学生减量添趣的同时，培育其核心素养。

二、相关政策

依托上述背景，再回顾各个层面颁布的一系列相关政策、法规，其中许多也颇有借鉴意义与反思价值！

早在2000年，教育部为解决中小学生课业负担过重问题，就曾发布了

《关于在小学减轻学生过重负担的紧急通知》（教基〔2000〕1号），对低年级家庭作业类型、高年级家庭作业量作出规定，而且明确提出"禁止以加大作业量为手段惩罚学生"。2007年，中共中央、国务院又出台《关于加强青少年体育增强青少年体质的意见》，指出要对家庭作业量进行研究，对家庭作业时间进行统筹，如"小学家庭作业时长在1个小时以内，初中延长至一个半小时以内"。2009年，《教育部关于当前加强中小学管理规范办学行为的指导意见》指出，要根据学生学段、年级以及自身实际情况，合理安排、严格规定学生的休息、自习以及锻炼时间。2013年，教育部发布减负"新十条"，其中提到"不留作业、等级评价"等内容。

从上述相关政策中不难感受，"大多针对作业质量提出了具体要求和规定，是行动的准则和指导"，而执行者尤其是教育主管部门的"意识更新"并不理想！

2021年出台的"双减"文件则有了明显变化，它对作业的问题、功能、总量、类型等都有了较明晰的规范指导。例如，明确指出当前一些学校存在"作业数量过多、质量不高、功能异化"等突出问题；"要把握作业育人功能"，明确了作业是为了"帮助学生巩固知识、形成能力、培养习惯，帮助教师检测教学效果、精准分析学情、改进教学方法，促进学校完善教学管理、开展科学评价、提高教育质量"。对于作业的设置，文件要求"学校要根据学段、学科特点及学生实际需要和完成能力，合理布置书面作业、科学探究、体育锻炼、艺术欣赏、社会与劳动实践等不同类型作业。鼓励布置分层、弹性、个性化作业，科学设计探究性、实践性作业，探索跨学科综合性作业。切实避免机械、无效训练，严禁布置重复性、惩罚性作业"。政策清清楚楚，规定明明白白，要求实实在在。

三、政策的有效性

政策的出台是否有效，关键还得看践行效果！对区域作业改革的具体落实，不论价值导向，还是行动规范，都颇具指导意义。

首先，文件对作业意义进行了必要解读，这在一定程度上破解了教师"认知窄化"问题。其中，针对"学校作业数量过多、质量不高、功能异化"的弊端，文件都有相关指导，涉及"减负增质"问题时，更是彰显了前所未有的力度。

其次，文件对实施举措也提出了建议，切实保障了"示之以示范之道"，进而成功缓解了"行动滞缓"的弊病。例如，针对作业完成时空问题，建议"指导小学生基本在校内完成书面作业，初中学生在校内完成大部分书面作业"。这样，既有效地规范了作业时间，又为课后监管服务提供了支撑。同时，还禁止教师用手机布置作业，防止过多的作业挤占学生的正常睡眠时间、体育与健康课程和体育活动时间等。又如，针对作业总量问题，明确规定"学校要确保小学一二年级不布置家庭书面作业，可在校内适当安排巩固练习；小学三至六年级书面作业平均完成时间不超过60分钟，初中书面作业平均完成时间不超过90分钟"。如此量化控制，让教师有目标，学生有希望。再如，作业管理评价问题。教育部已出台了相关配套政策《关于加强义务教育学校考试管理的通知》，提出"小学一二年级不进行纸笔考试，其他年级由学校每学期组织一次期末考试；初中年级从不同学科实际出发，可适当安排一次期中考试；考试实行等级评价"等，如此，确实有利于树立全面发展的质量观和科学的教育评价观。

总之，回顾这一系列减轻学生课业负担政策的出台，其根本都指向了"立德树人"，切实利于促进学生全面发展和健康成长。"不谋全局者，不足谋一域。"尤其是"双减"政策的颁布和实施，从全局来看，有利于党和国家事业的长远发展，实现了向前展望、超前思维、提前谋局。而从学生的个人发展来看，作业负担过重，短视化、功利性问题没有得到根本解决！"双减"政策能充分发挥学校主阵地作用，坚持应教尽教，着力提高教学质量、作业管理水平；能有效减轻学生学业负担，为课后监管提供丰富多彩的服务内容，利于学生个性化发展。再如，山东还出台了《山东省普通中小学办学基本规范》，也是落实管理的硬性举措，它要求教师对诊断反馈性作业全批全改，以更好地了解学情，因材施教；同时，严格落实教师减负清单，把教师从无关工作中解脱出来，进而实现高效教学。

四、贯彻过程中出现的问题

政策导向让我们清晰地看到相关政策的有效性，但是具体到实施过程，依然存在不少问题。

1. 认知理解存偏颇

作业改革的根本目标就是减负增质，但在实施过程中，仍有不少教师对其认知还仅停留在"减少作业数量"上，而忽视了其他相关因素。要知道，作业质量、效率，课堂教学的变革等，都应作为改革的目标，都应有所对应调整和变化。这里举个最简单的例子。教师布置作业难免"学科本位"，即本学科多做一些，自然"成绩"就上去一些，虽然未必是为了"坑别人"，但本能必然是"保自己"。而事实上，不要说在你的学科上花的时间多，就连孩子先做你这个学科，也是值得争夺的。设想，孩子一回家就先做数学作业，那么一道题卡住之后，如果想了很长时间，很可能就过了政策规定的60分钟。这时候，他长叹一声："唉，时间已经用完了，睡觉吧。"语文作业就此泡汤。当然也有可能是这样的：孩子先做语文作业，抄抄写写、读读背背，不知不觉就花了很多时间，然后手也累了，人也乏了，眼也花了，看看数学题，深刻感受到了数学题的催眠作用，于是也就睡了。所以说，先做哪个科目也值得争夺！于是，理解的偏颇势必导致距改革目标相去甚远！

2. 评价先行难落实

作业改革成功与否？这里评价的关键不应是分数，而应看学生的综合素养培育，所以落实政策的过程中，第二个关键问题就是注重教育评价的导向，即教师素养的提升，以及与之相关的各级教育主管部门与学校教育评价机制的顺势而变。说到底，虽提倡作业"赋值增效"，但考试的指挥棒若不改变，则一切"存在即合理"，我们依然难以打破"作业改革的虚假神话"，甚至难免造成"暗度陈仓"现象。举个例子，我们都承认学科不同和个体不同，必定导致学生做作业的时间长短差异非常大。像语文学科，经常会让学生抄写、阅读，前者为了积累以丰富学养，后者为了输出以培养语感。这些都是需要花费时间的，但从显隐角度衡量，前者更可控，以致后者被放弃，则作业难免枯燥。如此，从功效评价角度而言，怎样的作业更具实效？这本身便成了争议！

3. 家校携手少引领

当前学生负担过重，一个重要因素就是家长对孩子的期望值越来越高，与当前教育评价相关联，家长更关注学生的分数。在实施过程中，学生的课业负担轻了，作业少了，家长对孩子的成绩有了更多的担心。作业不写能学好吗？还有一个重要的问题就是课余时间的利用。作业少了，家长要让孩子充分利用课余时间的"竞争对手"就是学生喜爱的电子产品、电子游戏，如果家长缺乏正确的引导，它们在对学生的负面影响中所占比例会更高。因此，如何指导家校携手，让学生的课余生活丰富、有趣、健康、科学、合理，也是一个重大问题。

4. 执行落实难监督

最近看到有则新闻上介绍，一些学校推出"科代表举手"制度。具体来说就是由科代表监督教师，当他觉得教师布置的作业有问题时，可以举手喊停。看到这个新闻，我哑然失笑，且不说这种学生监督教师、下级监督上级、孩子监督大人的方式在实践中是否可能实现，只要想想科代表举

手会说什么，就让人忍俊不禁。

综上，作业改革远非理想中的那么简单，实施的确存在困难！

五、政策建议

针对以上状况，作业到底该何去何从？区域实施、一线落实到底怎样改进？面对纠结，我又尝试提出三点建议，以求切实改变当前师生"认知窄化、行动滞缓"的问题。

1. 强化评价导向，加大比重，做好指导

评价事关发展方向，有什么样的评价导向，就有什么样的办学，进而也会有什么样的作业功能。因此，用评价改革撬动作业功能回归是一种理想选择。要知道：①改进结果评价，不再"唯分数论"，"育人"才能被重视；②强化过程评价，不再"以量定质"，"体验"才能被尝试；③关注增值评价，不再"知能立意"，"素养"才能被培育。如此，认知窄化必能切实改善！

2. 重视科研引领，引入团队，创设资源

解决作业质量不高的问题不能单靠个别学校和教师来实现，它需要鼓励和支持集团化、专业化团队来参与，这样才能为师生提供高质量、可选择的作业资源。另外，教育基层部门应当充分发挥教研、科研机构的价值，提升教师素养，如选择、布置、批改、反馈、研究作业的能力。而这些最好都能在政策拟定时给予充分保障，它是改变师生"行动滞缓"的根本。

3. 搭建督导平台，建立机构，长效治理

当下，我们也不得不承认，不少"政策文件"虽卓有成效，但依然没有根本解决这个"小小"的作业问题。要改善这种状况，除了上述内部的调整，我认为还应引入外部的监管。举个例子，相关作业政策往往会引入"审批制度""过程性监管制度""及时性反馈机制"等，那么这些由谁

来执行，我们大多会想到自身的教育部门——督导室、教导处等，但其又有多少信度？所以建议委托第三方，建设"作业监控平台"，充分利用现代信息化技术，全方位、全过程、全学科采集信息，定期发布作业，动态监测学生负担，定期反馈、针对性评估问责。我们有理由相信，这样能高效解决作业管理问题。

谈到最后，引用《家庭作业的迷思》中的一句话："有股强大的势力将作业塞进了孩子的背包里，我们也曾努力地为孩子利益和兴趣辩护过，甚至改变内定政策，但时至今日，我们依然欠所有孩子一个以真相、合理为基础的政策。"作业改革，何去何从？我们仍需努力！

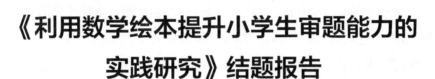

《利用数学绘本提升小学生审题能力的
实践研究》结题报告

一、选题依据

（一）国内外相关研究学术史和研究动态

根据研究方向，对知网中的文献和期刊数据库等相关研究文献进行了检索和对比，发现数学审题能力的研究培养和数学绘本阅读与教学的研究越来越受教师们的重视，越来越多地应用于数学教学中。

1. 关于数学审题能力的相关研究

以"数学审题能力"为篇名在知网进行搜索，从文献数量上看，从2010年的9篇到2019年的55篇，数学审题能力的研究总体上呈现逐年增加的趋势。

对有关"数学审题能力"的文献进行分析与整理后，发现"数学审题能力"的相关研究大致可以分为以下三个方面。

（1）关于审题能力的含义及其重要性

刘艳秋在《低年级学生数学审题习惯培养的策略》中提到，审题能力是一项综合性很强的能力，它既包括阅读、理解、分析题目等综合

能力，也包括态度方面，如严肃、认真、细致等非智力因素。她认为数学学科的审题就是为了提高解题的正确率，深入理解题目所涉及的关于数学知识方面，以及明确题给条件和要求得出明确的信息，并试图找出条件和结论之间的关系而进行的思维活动。王军在《提高审题能力的几个问题》中提到，审题就是解题者对题目信息的发现、辨认、转译的过程，它是主体的一种有目的、有计划的知觉活动，并有思维的积极参与，凡是简捷、准确答题的人都十分重视解题中的审题环节。王余娟在《提高小学生数学审题能力的探究》中提到，审题是解题的基础，对学生的基础知识和思维能力有一定的要求。教师在教学过程中要关注学生的有意无意状态、听讲状态、学习氛围以及在课堂上的表现状况，及时调整教学方法，采取有效措施促使学生参与课堂讨论与分析，在提高其数学水平的同时发展其综合能力。邹芳玲在《小学生数学审题能力存在的问题及审题能力的培养》中提到，在当前新课改的影响下，许多教师在不断摸索和思考行之有效的教学方法，以便达到素质教育的要求。

（2）关于审题能力的影响因素

李德成在《关于培养小学生数学审题能力的实践研究》中提到，造成学生审题能力低下的因素有：①审题粗心大意；②知识点掌握不扎实，不能够灵活应用；③教师介入过早，学生有依赖思想。叶晓玲在《三化审题利其器 思维建构助解题》中认为，审题失误的类型有以下几种：其一，信息感知错误。一些学生在审题中往往粗枝大叶，导致看错符号，抄错数字，漏掉隐性条件，误看关键信息。其二，经验代替审题。学生在解题中积累了一定的经验，但这些旧经验有时会带来一定的干扰和误导。其三，认知经验缺乏。现在很多命题阅读量大、信息量多，学生不但需要对信息进行分析提炼，还必须结合生活经验进行判断，而部分学生对知识仅停留于模仿、对照的就题解题阶段，容易造成审题困难。

（3）关于提高审题能力的措施及途径

李德成在《关于培养小学生数学审题能力的实践研究》中提到，加强小学生数学审题能力的有效措施有：①强化默读，做到心口一致；②引导学生对比题型，进行归类，把握异同点；③拓展学生的思维，让学生的审题过程不再局限。谢添在《浅谈审题与思维能力的培养》中提到，指导学生审题，应针对他们的思维特征，从发展他们的思维能力出发，通过不断实践，培养学生的审题能力。他认为可以从三个方面培养学生的审题能力：①引导学生养成分析综合的习惯；②提醒学生善于比较，于细微处见差异；③培养学生的联想能力。何振义在《谈小学数学审题能力的培养》中提到，审题能力的培养方法有：①仔细读题——要用朗读的速度进行读题；②正确读题——要用"勾勾画画、圈圈点点"等方法对题目做记号；③深度审题——要用对比等方法对关键词句反复推敲。王军在《提高审题能力的几个问题》中提到，通常可以通过以下方法来强化学生的审题意识和能力：①找出并画出关键词，注意限定条件；②注意挖掘题目中的隐含条件；③排除题目中的干扰因素，切忌"想当然"；④注意题组审题；⑤强化二次审题。王余娟在《提高小学生数学审题能力的探究》中提到，审题能力的提高途径有：①改善教学方法，紧抓学生学习兴趣；②结合教学内容，训练学生读题能力；③巩固基础知识，培养学生获取信息能力；④引领分析信息，引导学生深入研究；⑤联系其学习情况，引导其归纳总结。邹芳玲在《小学生数学审题能力存在的问题及审题能力的培养》中提到，培养学生数学审题能力的方法有：①培养灵活多变的能力；②认真看；③标注关键词；④层次递进。

2. 关于数学绘本的相关研究

（1）国内数学绘本研究学术史和研究动态

以"数学绘本"为篇名在中国知网上进行搜索，从文献篇数上看，从2012年的0篇增加到2019年的217篇，呈现快速增加的趋势。

　　对有关"数学绘本"的文献进行分析与整理后，发现有关"数学绘本"的相关研究大致可以分为以下三个方面。

　　① 关于数学绘本特点的相关研究。程立敬总结数学绘本的特点有：图文并茂的数形呈现形式，以数学知识为主的内容设计，较强逻辑性的形式结构，可操作性的数学故事设置。钟静认为，数学绘本有这样的特点：具有亲和力且轻松的数学教材，加强数学概念沟通讨论的工具，联结数学概念和生活情境的教材，提供倾听、写作及讨论数学概念的机会，在有意义的情境中运用数学知识，改变学童对学习数学的看法，扩展学童的数学知识。结合对数学绘本特点的总结以及对相关文献的梳理研读，我们认为数学绘本具有以下特点：丰富生动的故事情境，便于讨论；简单的文字，便于阅读；数学知识与生活经验相结合；给学生提供想象的空间；故事情节与数学知识相辅相成。

　　② 关于数学绘本教育价值的相关研究。数学绘本以故事线或概念线为主轴引发数学学习的特性，让天生喜爱故事的儿童对于数学学习多了一种不同的选择。绘本的融入让孩子们感受到数学其实就在我们身边，他们看得见，说得出，摸得着。卞小云认为，在幼小衔接阶段，数学绘本在帮助学生更快地适应数学学习方面发挥着独特的作用，它可以有效减轻小学生的压力，提高他们的参与兴趣。数学绘本集合了故事性、趣味性和数学性等特点，在集合多项功能后，越来越受到师生的喜爱，对提高数学课堂效率有很大帮助。高丛林认为，数学绘本教学符合儿童的认知发展规律，加深了儿童对数学的理解；基于绘本的数学推动了教师转变观念及专业提升。程立敬认为，数学绘本教学有利于激发学生的学习兴趣、发展学生的数学思维。同时，用趣味故事呈现数学知识，有利于课堂教学效果的提高和数学问题情境化，有助于实现教学目标。综上所述，数学绘本能够有助于增加学生的学习兴趣、发展学生的数学思维及提升课堂效率等。

　　③ 关于数学绘本教学的相关研究。数学绘本越来越受教师的青睐，越来

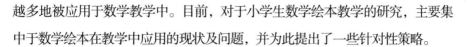

越多地被应用于数学教学中。目前，对于小学生数学绘本教学的研究，主要集中于数学绘本在教学中应用的现状及问题，并为此提出了一些针对性策略。

（2）国外数学绘本研究学术史和研究动态

捷克教育家夸美纽斯1658年所著的《世界图解》被认为是最早的绘本。现代绘本起源于19世纪后半叶，于1930年传入美国后飞速发展，进入黄金发展期，在20世纪五六十年代进入韩国、日本等国，并发展壮大。20世纪中叶，国外学者开始研究绘本教学，日本著名绘本大师松居直在《什么是图画书》中探讨了图画书的作用，并从亲子阅读的角度指导教师和家长如何进行图画书的阅读和选择。在《我的图画书论》中，松居直用两个公式解释了绘本阅读中的图文关系，对绘本阅读的价值做出了较为系统的分析。加拿大学者培利·诺德曼在《阅读儿童文学的乐趣》中提出儿童文学与文艺理论相互渗透，并开辟专章对图画书进行理论阐述。美国学者卡罗·斯考特和瑞典学者玛利亚·尼古拉耶娃在合著的《绘本是如何起作用》中提出，用图画表达思想是儿童接触文学和艺术的重要方式。美国戴维·阿诺德在《通过录像训练研究图画书：阅读对儿童语言发展的促进功能》中指出，绘本中的图画能促进孩子语言表达能力的发展。

（二）本课题相对已有研究的独到学术价值和应用价值

审题能力是一种获取信息、分析信息、处理信息的能力。通过对"数学审题能力"和"数学绘本"相关背景性材料的分析与整理，我们发现，相关文献有对数学绘本阅读和教学的研究，也有对审题能力的实践研究，但是它们研究的深度和广度不够，不成系统，不够具体，实用性不强。另外，利用数学绘本提升小学生审题能力的研究是一项空白。

本课题在已有研究的基础上，利用数学绘本这一载体，在激发学生学习兴趣的同时，培养学生的审题能力，是在开辟一条提升小学生审题能力的新途径，是对小学生审题能力研究和数学绘本研究的深入、拓展及融合，有一定的学术价值。

　　本课题研究的审题能力对学生的发展非常重要，它贯穿于学生的整个学习过程。对于教师而言，如何提升学生的审题能力一直是个难题。而本课题将会整理出较为系统、便于操作的小学数学绘本阅读资源和审题策略，为广大师生提供利用数学绘本提升小学生审题能力的思路和方法，坚实助推学生、教师和学校的发展，具有很大的应用价值。

二、研究内容

1. 课题的研究对象

　　（1）根据数学绘本教学的实际，结合学生的认知规律，立足课内课外，我们重点选择了济宁学院附小中低年级的学生作为研究对象。

　　（2）小学数学绘本审题的实践活动与教学。

2. 总体框架（见图2-3）

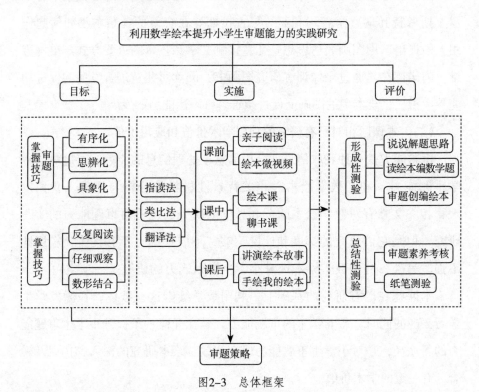

图2-3　总体框架

3. 重点难点

（1）研究重点

① 在教学内容上，重点以数学绘本故事内容为基础，培养学生获取信息、分析信息、处理信息的能力，实现两者的有机融合。

② 在教学方式上，重点研究数学绘本中蕴含的逻辑思维与数学审题能力之间的关系，打破传统课堂教学模式，开发高效的绘本课、聊书课。

③ 在教学结构上，重点以情境教学为指导，开展由教师、学生、教材、数学绘本、教学媒体相互作用形成的教学活动，课内教学活动和课外实践活动并行，实现教学结构的有益转变。

（2）研究难点

探索利用数学绘本提升小学生审题能力的评价方式和方法，并利用其推进课堂教学实践，再通过教学的不断实践改进下一步课题实施。

4. 主要目标

教师通过开展多样化的数学绘本阅读实践活动，使学生学会审题有序化、思辨化、具象化的技巧，形成良好的审题习惯，进而运用审题策略，解决生活中的实际问题。具体实施目标如下。

（1）整合国内外数学绘本资源，沟通现行教材，借助选编、创作、品鉴、链接等方式，形成有助于提高小学生审题水平的绘本书单。

（2）开展一系列数学绘本实践活动，从而形成一套切实可行的审题策略。

（3）在实践的过程中实时收集整理课前、课中、课后的实践资源，汇编成优秀案例集。

（4）执教绘本课，打磨精品课例，形成利用绘本提升学生审题能力的绘本课模式。

三、思路方法

1. 本课题研究的基本思路

本课题在情境认知理论的指导下，将制订以下两个目标：一是利用数学绘本帮助学生学习并掌握审题的技巧；二是利用数学绘本帮助学生养成良好的审题习惯。本课题利用小学数学绘本在审题中的独特优势，按照"调研问题、组建团队→构建路径、行动规划→搭建平台、重点突破→及时总结、形成纲要"的工作思路，采用读题建构、类比呈现、数形结合三大策略，使审题有序化、思辨化、具象化，最终形成阅读资源、审题策略、教学案例和作品汇编（见图2-4）。

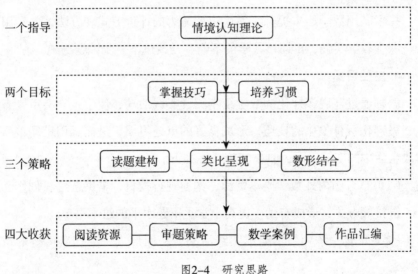

图2-4 研究思路

具体分为以下四步。

第一步：设计"小学生数学绘本学习现状""小学生审题能力现状"调查问卷，调查数学绘本课堂教学现状，了解学生的情况，把握项目研究的实践起点。

济宁学院附小学生绘本阅读现状调查分析

利用问卷星对所调查的2084名在校小学生进行统计分析，结果如下。

1. 你喜欢画画吗？

由图2-5可以看出，有86.28%的学生喜欢画画，有11.61%的学生有时候喜欢画画，而有2.11%的学生不喜欢画画。

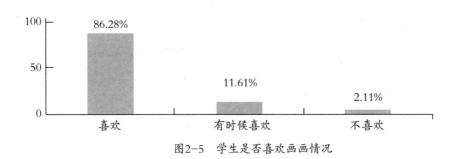

图2-5　学生是否喜欢画画情况

2. 你喜欢看绘本吗？

由图2-6可以看出，有85.75%的学生喜欢看绘本，有13.39%的学生有时候喜欢看绘本，而有0.86%的学生不喜欢看绘本。

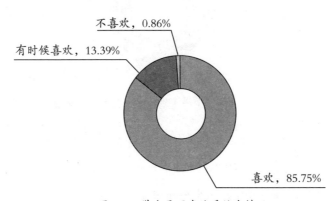

图2-6　学生是否喜欢看绘本情况

3. 你拥有绘本的本数是多少？

由图2-7可以看出，有64.2%的学生拥有10本以上绘本，有25.91%的学生拥有4~10本绘本，而有9.88%的学生拥有的绘本数量在3本及以下。

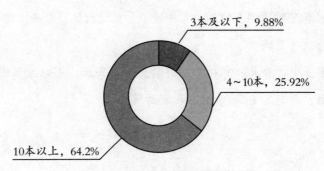

图2-7　学生拥有绘本数量情况

4. 你每学期学习绘本的频率?

由图2-8可以看出，有90.21%的学生有时学习，有9.36%的学生很少学习，而有0.43%的学生从不学习。

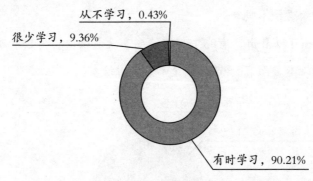

图2-8　学生每期学习绘本频率情况

5. 平时阅读绘本，你是怎样读的?

由图2-9可以看出，有87.43%的学生会独立阅读，有6.72%的学生会在教师的带领下读，有5.85%的学生会和同学一起读。

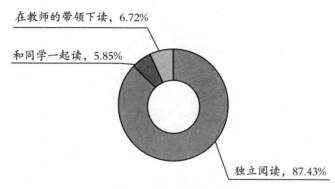

图2-9　学生读绘本方法情况

6. 你会把看过的绘本故事讲给家长和同学听吗？

由图2-10可以看出，有36.85%的学生经常讲给家长和同学听，有56.53%的学生偶尔讲给家长和同学听，而有6.62%的学生不会讲给家长和同学听。

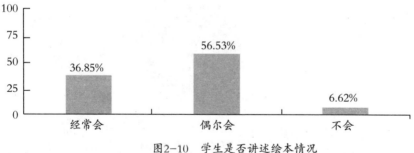

图2-10　学生是否讲述绘本情况

7. 你阅读的绘本是怎么得到的？

由图2-11可以看出，有95.35%的学生的绘本是在书店或网上买来的，有3.59%的学生的绘本是从学校阅览室借来的，有1.06%的学生的绘本是同学或亲友送来的。

131

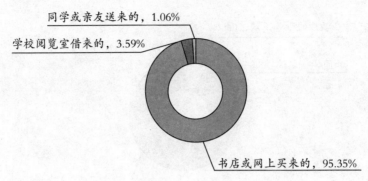

图2-11　学生绘本来源情况

8. 你能自己阅读绘本，并理解绘本中蕴含的知识吗？

由图2-12可以看出，有25.34%的学生表示能轻松阅读并理解绘本中蕴含的知识，有63.29%的学生表示还可以，有11.37%的学生表示读起来有些困难。

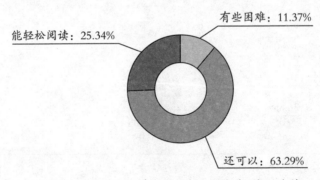

图2-12　学生能否自己阅读并理解绘本情况

9. 你认为读绘本是否对学习有好处？

由图2-13可以看出，有94.87%的学生认为读绘本对学习有好处，有2.59%的学生认为读绘本对学习好处不大，而有2.54%的学生不知道。

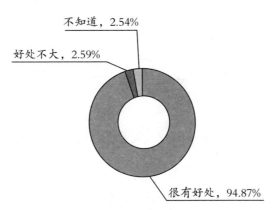

图2-13 学生认为读绘本是否对学习有好处情况

10. 你希望教师运用相关的绘本进行线上教学吗?

由图2-14可以看出,有95.49%的学生希望教师运用相关的绘本进行线上教学,有0.72%的学生不希望教师运用相关的绘本进行线上教学,而有3.79%的学生认为无所谓。

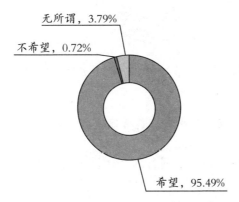

图2-14 是否希望教师运用相关绘本进行线上教学情况

11. 你是否看过或阅读过手绘的绘本?

由图2-15可以看出,有52.69%的学生看过并阅读过手绘的绘本,有14.20%的学生只看过手绘的绘本,而有33.11%的学生表示没有看过。

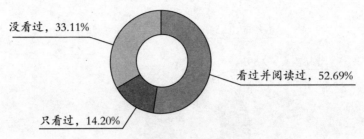

图2-15　是否看过或阅读过手绘绘本情况

12. 你是否想过创造属于自己的绘本?

由图2-16可以看出,有74.71%的学生想过创造属于自己的绘本,有23.61%的学生没想过创造属于自己的绘本,有1.68%的学生表示无所谓。

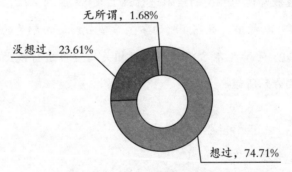

图2-16　是否想过创造属于自己的绘本情况

济宁学院附小学生审题策略现状调查分析

利用问卷星对所调查的在校小学生进行统计分析,分析结果如下。

1. 做题前一般至少读两遍题目

由图2-17可以看出,有57.78%的学生大部分时候不能静下心来至少读两遍题目再做题,有22.22%的学生不去读两遍,即只读一遍,或者一目十行地去读题。有4.44%的学生不确定自己做题前读几遍题目,有6.67%的学生大部分时候能静下心来至少读两遍题目再做题,有8.89%的孩子能做到一定会至少读两遍题目再做题。

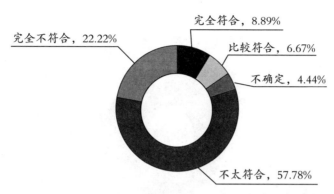

图2-17 做题前是否至少读两遍题目

2. 审题时能否找出关键词

由图2-18可以看出，有51.11%的学生审题时大部分时候不会找关键词、关键句，有6.67%的学生审题时不找关键词，有20.00%的学生不确定自己认为重要的词、句是不是关键词和关键句，有17.78%的学生大部分时候能找到关键词，只有4.44%的学生能准确地找出题目的关键词。

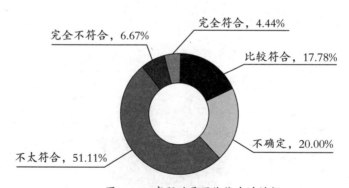

图2-18 审题时是否能找出关键词

3. 是否能挖掘出题中隐含条件

由图2-19可以看出，有42.22%的学生大部分时候不能挖掘出题中隐含的条件，有20%的学生挖掘不到题中隐含的条件，有22.22%的学生对于自己挖掘的条件不确定有没有用，只有15.56%的学生能够挖掘出题目中隐含的条件。

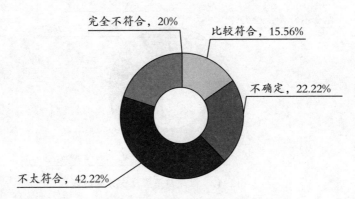

图2-19 是否能挖掘出题中隐含条件

4. 审题结束后会检查是否有遗漏

由图2-20可以看出,有44.44%的学生大部分时候做完题不会再去检查有没有遗漏,有28.89%的学生做完题不会检查有没有遗漏,有20.00%的学生不确定,只有6.67%的学生有时候能想到做完题要去检查有没有遗漏。

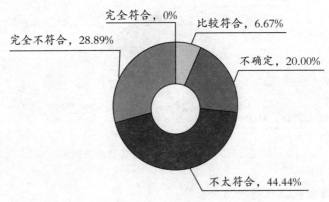

图2-20 审题结束后是否检查

5. 是否理解教师教的审题策略

由图2-21可以看出,有48.89%的学生大部分时候能够理解教师教的审题策略，有26.67%的学生不确定用的是不是审题策略，有11.11%的学生大部分时候明白审题策略，有2.22%的学生不明白审题策略，有11.11%的学生能够理解审题策略。

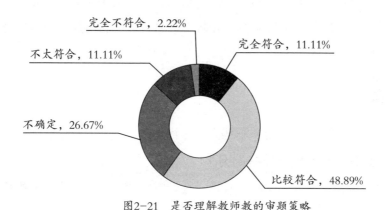

图2-21 是否理解教师教的审题策略

第二步：从众多绘本读物中海选适合小学生阅读的数学绘本，形成分级绘本阅读书目单。

第三步：借助文献研究和调查研究，开展对小学生数学绘本阅读与数学审题能力关联性研究。

第四步：组织课题组成员开展小学数学绘本阅读课的教学研究和实践，并开展小学数学绘本阅读审题训练的教学展示和专题研讨，分别形成不同主题、不同年级的课例，使小学数学绘本审题教学从"资源建设"到"策略梳理"，再到"课堂教学"。

2. 研究方法

理论与实际的结合是研究的基本策略。本课题在研究过程中，将综合采用调查研究、文献研究、行动研究、案例研究、实地观察等方法。

通过调查研究，了解小学生数学审题现状、小学数学绘本教学应用现状、小学数学绘本教学策略等。

通过文献研究，掌握国内外对数学绘本特点、数学绘本教育价值、数

学绘本教学研究、数学审题能力研究等方面已有的研究成果，确定本课题研究基础，寻找本课题研究突破点。

通过行动研究法，梳理小学数学绘本阅读资源，研究利用小学数学绘本提升审题能力的教学。同时，借助案例研究、实地观察等，盘点小学数学绘本阅读审题教学的课堂范式和教学策略，汇编利用数学绘本提升小学生审题能力的实践报告。

四、课题实施步骤

课题分步骤实施，具体分为以下三个阶段。

1. 准备阶段（2019年9—11月）

（1）分析国内外小学绘本教学、数学审题教学发展现状，查找相关文献，学习相关理论，成立课题研究小组，确定研究人员，落实人员分工，细化研究内容，明确责任，制订针对性研究方案和计划。

（2）组织调查济宁学院附小中低年级学生绘本阅读现状、审题能力现状，设计、发放调查问卷，用问卷星分析调查问卷，形成调查报告。

2. 实施阶段（2019年12月—2020年12月）

（1）针对实施过程中遴选的小学数学绘本书目和实施后对提升数学审题能力做专题讨论。

（2）召开课题阶段性会议，修改完善研究方案。

（3）开展多样化的实践活动，进行课堂教学实践，促进课题的开展。

3. 总结阶段（2020年12月—2021年5月）

（1）设计发放课题结题后调查问卷，进行数据分析。

（2）对课题研究进行全面总结，收集各种资料，整理前期研究成果资料，撰写结题报告。

五、课题研究成果

（一）理论成果

1. 整理出了数学审题能力存在的问题

（1）缺乏良好的审题习惯

由分析调查问卷结果可知，大部分学生知道认真审题的重要性，但是解答实际问题时仍缺乏认真审题的习惯。在面对新的问题时，一部分学生快速地读一遍就开始做题，甚至有的学生面对文字较长或者条件较烦琐的问题时，"没有信心，直接放弃"。从中可以看出，学生解题中的一些问题归因于缺乏良好的审题习惯，或者仅仅把审题当作"读题"。

（2）欠缺数学阅读的习惯

数学阅读能力是数学审题能力的核心，而只有一小部分学生是经常阅读与数学相关的书籍。所以在平时的教学中，不管是课中还是课后，教师都应当指导学生进行相关数学书刊的阅读，阅读数学故事、数学史、数学趣味题等。阅读不只是语文的功课，也是深化数学知识、提高数学素养必不可少的环节，要从娃娃抓起。

（3）缺乏有效的审题方法

数学语言是非常精确的，多看个字或少看个字都会造成错误，有不少学生读题不仔细或对题意不逐字逐句仔细推敲。例如，小华从家到学校要6分钟，平均每分钟走300米，他往返一次要走多少米？总是有部分学生只有300×6=1800（米）这一步计算。究其原因，在于学生读题不仔细，没关注"往返"或对关键词语"往返"一词一知半解。

（4）缺乏对比和错误反思

通过问卷分析可知，只有极少数学生会建立错题本，经常回顾反思其解题思路。当遇到较难的题目想不出办法时，很少的学生会换一种思考方式，另找解题方法，其他学生不是直接放弃，就是按照原来的思路继续解题尝试。不少学生把自己的审题错误仅仅当成粗心或不小心看错了，下次注意去处理，而缺乏反思、再次审题、对比错误、审题分析的过程。

2. 梳理出了利用数学绘本提升审题能力的策略

审题更多地表现为个性化的行为，就是根据自己的认知特点获取、分析、处理题中信息以获得理解，包括明确问题的结构，弄清已知和未知以及调整目标和题意的匹配性，反思过程和题意的一致性。审题过程中，只有把知识、技能和策略融会贯通，才能有效理解题意。

（1）养成良好的审题习惯

审题是正确解题的前提，而良好的审题习惯是提升审题能力的保证，同时也是提高教学质量的保障，是培养学生做事细心、踏实品性的前提。

反复阅读是审题清晰、准确的基础。可以通过引导学生阅读绘本提高审题能力，引导学生从大声读、轻声读，渐渐地到默读，要求学生读通句子，不漏字、不添字。

细心观察是审题全面的保证。观察和思维是紧密相关的，只有提高观察能力，才能进一步提升学生的审题能力。读绘本时不仅要读文字，还要仔细观察图中的信息，图文结合。

数形结合是深刻审题的途径，是提高审题效率的路径。在绘本阅读中，边读边画，根据数学绘本编题，根据遇到的题目编绘本，真正做到数学绘本和数学问题的有机结合。

（2）形成有效的审题指导方法

① 审题要有序化。

指读。标一标：在阅读绘本时，为了促使学生在读的同时加强感知，可指导学生指读，并在关键的、重要的字词下面做标记，养成认真读题的习惯，以便让他们排除一些无意注意的干扰，在解题时提高自己的注意力。

② 审题要思辨化。

类比。比一比：根据学生阅读过程中容易混淆的概念，让学生编制应

用题组练习，对学生进行有针对性的专项对比训练。

例如：爷爷家养了56只白兔，灰兔比白兔少19只，养了多少只灰兔？

爷爷家养了56只白兔，比灰兔多19只，养了多少只灰兔？

实践表明，应用这样的题组训练，可使学生的审题错误率明显下降，解题的正确率大大提高。

③审题要具象化。

翻译。画一画：除训练学生对文字的理解外，还应重视利用画图、列表等方式整理数据解决问题的策略的应用训练。绘本阅读中，教师要引导学生根据问题加以分析，或进行作图分析，或应用列表的方法来整理数据，从而更清晰地分析题目的条件和问题，提高学生解决问题的能力。说一说：学生"数学语言"的特点及掌握数学术语的水平，是其智力发展和接受能力的重要指标，数学语言发展水平低的学生理解能力差，理解问题常常发生困难和错误。因此，在学生阅读绘本后要重视数学的表达，让学生用自己的语言把绘本的主要问题、情节逐一表述出来，把绘本内容转化为鲜明的表象，通过讲绘本故事、绘本情景剧等有声言语活动，培养学生数学表达能力，从而使学生在做题时对题目的结构意义能够正确、完整地理解。

（二）实践成果

1. 从众多绘本读物中海选适合小学生阅读的数学绘本，形成分级绘本阅读书单（见表2-1）

表2-1　分级绘本阅读书单

教学时间	绘本名称	涉及内容
一年级第一学期	《卡卡和他的牛》 《十个人快乐大搬家》 《阳阳数鸡蛋》 《谁偷走了西瓜》 《一起一起分类病》	数的基础、数的分解与组成、认识立体图形、20以内的进位加法、按标准分类

续 表

教学时间	绘本名称	涉及内容
一年级第二学期	《小熊宝宝的一天》 《会吐银子的石头》 《100只饥饿的蚂蚁》 《时间的故事》	认识钟表、100以内数的认识、认识时间
二年级第一学期	《买卖国的乘法队长》 《数学家阿汤的苦恼》 《两条射线手牵手》 《欧利与他的懒弟弟》 《寻找消失的宝石王冠》	乘法的意义和应用、认识角、除法的意义、找规律
二年级第二学期	《忙碌的星星工厂》 《国王的新衣有多长》 《小偷们的黑暗银行》 《大猩猩粑粑卖苹果》 《猜猜有几个》 《谁是四边王国的王子》 《妖精豆豆逛集市》	位值制、长度单位、加法、减法、估算、正方形、长方形、重量单位
三年级第一学期	《怪物王国的难题》 《栅栏栅栏围起来》 《宽宽窄窄量量看》 《意大利面条和肉丸盛宴》 《保罗大叔分比萨》	时、分、秒的认识，周长和面积，面积和周长的对比分数的初步认识
三年级第二学期	《咔嚓咔嚓爸爸是魔法师》 《点和线的相遇》 《直线平行线垂线》 《坏蛋格格巫的好点子》	对称、点线面的联系、平行与相交、小数的认识
四年级第一学期	《请帮帮我X-man》 《食神崔女士》 《平均数》	用字母表示数、小数的运算、平均数
四年级第二学期	《最聪明的小指挥官》 《小猫托托买鱼记》 《认识负数》	因数与倍数、认识负数

续 表

教学时间	绘本名称	涉及内容
五年级第一学期	《点点蚂蚁盖房子》 《硬邦邦冰工厂的一天》 《猫画被盗事件》 《猫鼠大战抢奶酪》	立体图形展开图、体积、可能情况个数、分数的运算
五年级第二学期	《咕噜咕噜PK赛》 《水什么时候才会满》 《田鼠小兄弟的较量》	圆、比例、比率

2. 开展一系列数学绘本实践活动

开展一系列数学绘本实践活动，在实践的过程中实时收集整理课前、课中、课后的实践资源，积累活动经验，为最终汇编优秀作品集、形成一套切实可行的审题策略做铺垫。

（1）学生手绘绘本故事（见图2-22）。

图2-22 学生作品

（2）学生讲绘本故事。

（3）绘本故事比赛（见图2-23）。

图2-23　绘本故事比赛

（4）新媒体绘本展示活动（见图2-24）。

图2-24　新媒体绘本展示活动

（5）编撰绘本导学单，录制导学微课（见图2-25）。

图2-25 导学微课

（6）亲子阅读活动（见图2-26）。

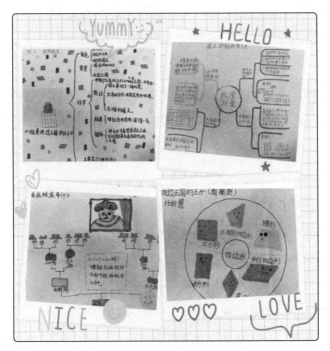

图2-26 学生作品

（7）读绘本、编问题活动（见图2-27）。

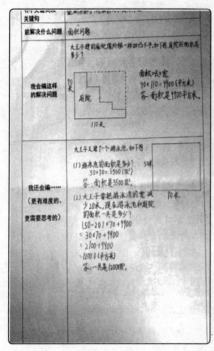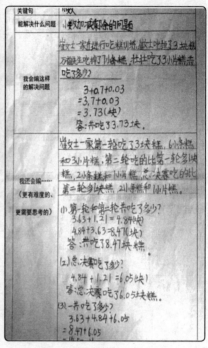

图2-27　学生作业

结合前期的实践研究，总结出绘本课范式，再经过教师队伍课前前测、课中填写课堂观察量表、课后后测，不断总结与反思，在实践中修改存在的问题，推广成功的做法，重新完善数学绘本课教学模式。

绘本课模式如下。

① 封面阅读，带着想象进入绘本。

② 听读绘本，了解故事起因经过。

③ 自读绘本，初步感知理解概念。

④ 解决问题，带着思考深度研究。

⑤ 拓展故事，带着收获走进生活。

⑥ 故事结尾，知识延伸交流收获。

在课题研究过程中，课例执教教师根据自己对绘本课的实践和对课题

的理解，完成了三篇案例论文，为课题积累了理论经验。

六、创新之处及亮点

（一）创新之处

1. 学术思想方面

本课题以情境认知理论为指导，致力于落实数学绘本的故事性和数学性，凸显"数学味"的审题。数学绘本将"故事"和"数学"作为"一明一暗"两条并行的线索，其中"故事"是明线，是"辅助线"；"数学"是"暗线"，是"主线"，在两线结合中激发出浓浓的"数学味"的审题，是本课题研究的主要特色。

2. 学术观点方面

（1）本课题尊重儿童发展规律，以儿童的视角欣赏和解读绘本，用儿童听得懂的语言、看得懂的故事、愿意讲的绘本、动手做的手绘，开展丰富多彩的审题实践体验活动。充分调动儿童的眼、耳、口、手，让其视觉、听觉、语言、肢体共同参与到数学审题中，激发学生对知识获得、分析、处理的积极性，提升学生的审题能力。

（2）本课题致力于系统建设利用数学绘本提升小学生审题能力的可行性纲要体系，开设绘本课和聊书课，创作手绘数学绘本，引导学生深入思考，开展深度学习，挖掘数学绘本对数学审题的指导性和推动性因素。

3. 研究方法方面

本课题运用文献研究，找准小学数学绘本阅读和小学生审题能力的结合点，遴选优秀的数学绘本，结合教学内容，指导审题方法。另外，运用行动研究，结合具体课例总结利用数学绘本提升小学生审题能力的评价机制，并总结出有效的审题策略。

（二）课题亮点

1. 选题富有挑战性

一听到绘本，大家第一印象一般都是各种阅读绘本、英语绘本等，在各门各类绘本面前，数学绘本本身就少之又少。我们组的课题题目是《利用数学绘本提升小学生审题能力的实践研究》，将数学绘本与提升学生审题能力相结合，是一次大胆而创新的尝试，这种尝试和融合能切实提高学生的学习兴趣。正如苏格拉底所说："教育不是灌输，而是点燃火焰。"绘本故事对学生来说非常具有吸引力，就像一把火，点燃了学生的学习热情。学生们一页一页、津津有味地读着数学绘本故事，大脑也在飞速运转。绘本中大量的文字信息、图片信息都能培养学生的信息意识，能在不知不觉中使学生的阅读能力和审题能力不断进步、不断发展。

2. 大胆打破传统教学和评价模式

传统教学以教材为主，我们的数学绘本课以数学绘本为基础，但这些绘本并不是脱离教材而存在的，里面蕴含着丰富多彩的知识点，既是课本中知识点的缩影，又是知识点的延伸和补充。绘本课的形式多样，有的是课前预习，有的则是课后拓展。同一本绘本故事，针对不同的学段，有不同的学法，也有不同的作用。无疑，通过阅读绘本故事，学生的审题能力可以得到提升，也能进一步加深对知识点的理解和应用。（但具体如何开展绘本课才能真正有效地提高学生的审题能力是我们研究的重点和亮点。）

我们的三节绘本课例，课前都进行了有针对性的前测，基于前测的分析，了解学生的学情，对教学设计进行改进。

绘本课《认识负数》前测

要求：请认真读完所有题目，把班级姓名写在右上角，再用钢笔作答。

① 在平时的生活和学习中你听说过负数吗?

② 在哪里见过负数？能试着写一个负数吗？

③ 刚刚写的这个负数表示什么意思？用你喜欢的方式表示出来。

④ 脱式计算：$1.25 \times 32 \times 25$。

⑤ 解方程：$6.8+3.2x=26$。

⑥ 带着小狗的小明和小兵同时分别从相距1200米的两地相向而行，小明每分钟行55米，小兵每分钟行65米，小狗每分钟跑240米。小明的小狗遇到小兵后立即返回小明这边，遇到小明后再向小兵这边跑……当小明和小兵相遇时，小狗一共跑了多少米？

⑦ 如果你已经读完了所有题目，你只需要完成前3道题目。这个测试有意思吗？那就偷偷在心里笑，不要告诉其他同学，好吗？

⑧ 小红的房间长4米，宽3.2米。她爸爸准备把南面的内墙刷上彩漆，这面墙上窗户的面积是2.8平方米。算一算，小红爸爸至少需要买多少千克彩漆？（每平方米大约用彩漆0.4千克。）

【目标指向】

第①题基于学生的经验水平，调查学生对负数的了解程度，确定教学起点。

第②题调查学生认识负数的来源，了解学生对于负数写法的掌握情况。

第③题了解学生对负数这一概念的具象化理解程度。

第④～⑦题考查学生的审题习惯。

绘本课《外婆的纽扣宝盒》前测

① 你读过这本绘本吗？你理解的分类是什么？

② 生活中哪些地方会用到分类的知识？

③ 你会分类整理你的书包吗？怎么整理的？

【目标指向】

第①题基于学生的经验水平和已学知识，调查学生对分类的理解程度，确定教学起点。

第②题了解学生对知识与生活的联系情况。

第③题了解学生对分类整理的掌握程度。

另外，和教学模式相对应，我们的教学评价模式也别具一格，通过多次研讨和修订，我们设计了与众不同的更能体现课题目标完成情况的听课记录——课堂观察量表。这样一个观察量表，能生动具体地展现出一堂课的特征，课堂中使用的教学方法、学习策略都可以一一展现，把课堂活动和课题研究目标进行了对应，并对其结果进行了整体分析，为课题的进一步开展指明了前进的方向。

"利用数学绘本提升小学生审题能力"课堂观察记录表

时间：12月30日　　　班级：一（七）　　　授课人：李×

本节数学绘本课属于哪个学习领域？（请在合适的□中打√）

数与代数☑　　　　　图形与几何□

统计与概率□　　　　综合与实践□

课堂中运用了哪种绘本阅读方法？选填至下表中：A.指读法　B.类比法　C.翻译法

绘本名称						
研究目标		培养审题习惯			掌握审题技巧		
		反复阅读	仔细观察	圈画重点	有序化	思辨化	具象化
绘本课环节	阅读封面						
	听读绘本	A					
	自读绘本	A		A			
	解决问题				B		C
	总结归纳		B			B	
	拓展提升						B
合计		4			4		

续 表

整体分析	通过师生共读绘本，引导一年级学生学会阅读绘本的方法，并通过绘本的学习构建分类模型。学生知道了不但要关注分类的标准，还要关注分类的结果是否合理，并在分类过程中提高审题能力。课上三种审题方法都有涉及，但类比法运用最多，共计4次。对于审题习惯的培养共计4次，对审题技巧的培养4次
实施建议（对今后课题开展有何建议）	根据一年级学生的年龄特点进行绘本阅读时以提高兴趣、引导阅读方法为主，在有趣的故事情节中使学生的审题更加思辨化、具象化

课后检测也是一个重要环节，具有巩固知识、形成技能、发展思维、培养能力的功能，它是检测课堂教学效果的基本手段，也给教师调整课堂教学提供了依据。

后测形式分为独立练习和课后访谈两部分，根据学生的年龄特点、学习内容以及实际需要，后测形式和题目会不断调整。

绘本课《外婆的纽扣宝盒》后测数据整理与分析

（1）巩固练习第1题的数据统计与分析（见表2-2）

表2-2　第1题数据统计

题目	错题人数	对题率	样本人数
1	0	100%	48人

动手分一分（见图2-28）。

图2-28　分一分

151

活动要求：说一说，分一分，摆一摆。

分析：通过学习，学生都能掌握一个标准下的分类，理解分类标准不同，结果也不同。这与学生已经学过课本知识和已有的生活经验有关。

（2）巩固练习第2题的数据统计与分析（见表2-3）

表2-3　第二题数据分析

题目	错题人数	对题率	错题举例	错题分析
2	10人	79.2%		没有考虑到足球队要每队人数相等，只关注了分类标准，没有关注到每类的结果是否合理

要分足球队，怎么分呢？（见图2-29）

图2-29　分足球队

（3）课后访谈的问题设计与分析

① 你对今天的课堂表现满意吗？具体说一说。

分析：94.7%的学生对课堂表现满意，其中78.9%的学生是在知识的掌握方面对自己的表现满意，掌握了分类的知识。21.1%的学生是对自己的听课习惯感到满意，如积极回答问题、认真听讲等。

② 分类的过程有哪些？

分析：32.5%的学生能通过举例解释分类的过程，67.5%的学生能够把课堂总结的分类的三个过程完整地写下来。

七、课题研究困惑

（1）教师和学生的时间都是有限的，因此课题研究有一定的局限性，对学生分层次的指导和评价不足，是我们遇到的困难。

（2）虽然开展了大量的实践研究活动，但有些活动评价不够及时，未能获得更丰富的理论和实践经验。

第
三
篇

3

听有所感

落实核心素养的课堂教学

我有幸参与了学校两年一度的优质课比赛，聆听了6节数学公开课，包括解决问题2节，概念问题2节，其他2节。通过听课，我有了一些自己的思考：基于核心素养的解决问题。

解决问题又叫应用题教学，是数学教学的重要组成部分，与语文中的阅读教学有异曲同工之处。在学校视导听课活动中，正好聆听了两节解决问题的展示课，一节是高年级五年级的《求一个数的几分之几是多少》，另一节是低年级二年级的《乘加、乘减》。这两节课，学段不同，课题不同，内容也不同，但也有相同之处，即都体现了解决问题的策略、方法，渗透了数学建模、逻辑推理、数学抽象、直观想象等核心素养。

解决问题的策略是什么？这是数学教师必须思考的问题。从两节课的设计中不难看出解决问题的思路：审题—分析—列式解答—检验。审题不是泛泛读题、圈画关键词，需要重点思考四个方面。一是题目中有哪些量，已知量是什么，未知量是什么。二是数量之间有什么关系。比如，在《求一个数的几分之几是多少》这节课中，已知量有两个：一班共制作泥塑作品15件和男生做了总数的3/5；未知量是要解决的问题：男生做了多少件？数量关系是：总数的3/5等于男生做的数量。在《乘加、乘减》这节课中，已知量有三个：小汽车停了3排，每排7辆，大汽车9辆；未知量是提出的问题：一共有多少辆？数量关系是：小汽车的数量加大汽车的数量等于总数量。两节课都在数量关系的建立上进行了重点探究，很好地完成了审题的任务。三是分析，这是解决问题的重中之重，《求一个数的几分之几是多少》主要用画图的方式进行分析，《乘加、乘减》主要用分析和综合的方法进行分析，在分析中，很好地体现了数学的核心素养（下面具体分析）。四是列式解答、检验，帮助学生养成检验的好习惯。这是一个完整的解决问题的思路和方法，在教学中需要帮助学生建立这种思考问题的策略。

在课堂展示中，这两节课都有意识地培养了学生的核心素养，主要体现在以下两方面。

（1）数学建模方面。

数学模型其实就是帮助学生从具体问题中分析出解决问题的方法，再用这种方法去解决其他类似的问题。《求一个数的几分之几是多少》的模型是"求一个数的几分之几用乘法"，如求男生做了多少件，实际上是求总数（15件）的3/5是多少，也就是求15的3/5是多少，用乘法计算。这里，通过具体的问题，引导学生通过分析抽象，总结出关系式。《乘加、乘减》的模型是"比几个几多（少）几"，也就是先乘后加或先乘后减的问题。例如，先求小汽车的数量，也就是先求3个7是多少，列式为3×7，再求总数量，列式为3×7+9。这里，通过引导学生从现实情境中抽象出数量，学生学会了用适当的运算符号来表示这些现实情境中的简单现象。无论是哪个学段的建模，都经历了发现和提出问题—建模的起点、用数学符号表示数量关系和变化规律—建立模型、列式解答、求出结果—应用模型"三部曲"。

（2）逻辑推理方面。

推理是数学的基本思维方式，也是人们在学习和生活中经常使用的思维方式。《求一个数的几分之几是多少》中，通过对题目的解读、推理，得出已知量是一班共制作泥塑作品15件和男生做了总数的3/5；未知量是男

157

生做了多少件，由此推理计算出数量关系是总数的3/5等于男生做的数量。《乘加、乘减》这节课中，已知量有小汽车停了3排，每排7辆，大汽车9辆；未知量是"一共有多少辆"这个问题，二者间的数量关系是小汽车的数量加大汽车的数量等于总数量。这里都是通过题干，引导学生运用逻辑推理能力分析已知量、未知量及二者的数量关系，由此计算题目。逻辑推理能力能帮助学生在已有知识的基础上作出新的判断和推理，更好的串联知识结构。培养学生的逻辑推理能力，可以由此发展和培养学生的创新能力。

漫谈基于小学数学文化的课堂教学

随着课程改革的深入，数学文化在数学教育中扮演的角色越来越重要。《义务教育数学课程标准》（2011年版）明确指出："数学是人类文化的重要组成部分，数学素养是现代社会每一个公民应该具备的基本素养。"《普通高中数学课程标准》（2017年版）中明确指出："数学文化应该融入数学教学活动。"在数学学科教学中，培养学生的数学核心素养，渗透数学文化教学，能够让学生更好地理解数学的本质，体会数学的科学精神、应用意识和人文素养，激发学生对数学创新原动力的认识，领会数学的美学价值。

传承文化根在课堂，数学文化教学的基本策略有三方面：一是凸显"问题"主线，经历数学过程；二是积累数学经验，构建数学模型；三是全面回顾总结，提升思维方法。通过课堂教学，在渗透数学文化中提升数学素养，将数学文化融入实际数学教学。如何理解数学文化课"教什么""怎么教""怎么样"呢？我觉得作为一线工作者应重点思考以下问题。

（1）明晰"数学文化"和"数学核心素养"的概念，有理有据地表明数学文化可有效促进学生数学核心素养的发展。

（2）结合理论与调查研究，明确数学文化的教学目标、研究内容和研究思路。

（3）全面表述数学文化的教学内容，从数学史、数学应用和数学美三个方面来体现数学文化教学内容的渗透载体。

（4）立足实际，总结教学模式与教学策略，教师要明白"怎么教"，一方面要构建基于核心素养的数学文化教学模式，即"经验触动—数学化理解—多领域渗透—回顾反思"；另一方面要从名师名课中归纳、提炼基于核心素养的数学文化教学策略。

（5）完善小学数学文化的教学评价，一节好的数学文化课的标准应该是"师生之间打篮球，减少教师语言输出，学生小脸通红、小眼发光、小手高举……"

直观算理与抽象算法的融合

分数乘整数是分数乘法教学的第一课时，是学生理解分数乘法意义的起点。这部分教材是在学生已学的整数乘法的意义和分数加法计算的基础上进行教学的。

教师在学生研究算法的过程中，给学生提供了充分的自主探索的空间。在学生尝试计算后，鼓励算法多样化，一起交流、评析学生汇报的每一种算法。在分析过程中，教师努力引导学生观察、发现每种算法的优越性，并将学生都认可的算法加以强化。这样既注重了教学的过程，又尊重了学生的个性特征，让学生的学习真正地发生。对于算法中的难点——约分问题，教师注重引导学生在算的基础上通过比较加以概括。在学生对一组题进行了比较分析后，学生明白了能约分要"先约后乘"，这样可以使计算简便。这样的设计，加深了学生的体验和感悟，使学生能比较、概括、抽象算法。通过学习，学生算理清、算法明，有效地突破了教学难点。

分数乘整数从算法上讲，非常简单。有很多学生在课前就已经接触过，但学生真的理解计算的道理了吗？或许，我们经常这样纠结，到底要不要讲算理？讲了半天算理，到最后学生记住的仍然是算法。算理、算法作为计算能力的一体两翼，尤其在小学数学中两者相辅相成，不可偏废。

道理很简单，不掌握算法就无法确保实现运算能力的最低要求——"正确"；只知怎样算，不知为什么这样算，充其量只是搬弄数字的操作技能。计算教学中，我们要以培养学生思维能力为核心，关注学生的学习过程，让他们学会思考的方法，让他们在自身实践探索的过程中实现发展，并将积累的学习经验迁移到其他领域的学习中。

这节课也有一些需要优化的地方。

第一，数形结合的方法，当直接给学生讲算理、计数单位的时候，说得再明白还是抽象，不如结合具体的画图操作，来扎实构建计数单位。

第二，以学定教，一定要以学生为主体，充分发挥学生的主观能动性，知识真正的内化于心关键在于学生的自我生成、同伴的交流互助，关键的时候再加上教师的指导，在已掌握知识的基础上，给予学生更多学习能力的提升。

第三，高效率的练习，在"双减"政策下，更考验课堂的教与学的效率，习题要做到一环一练、一题精练、一题多用、多生互改。

第四，注重新旧知识之间的联系，越到高年级越要对之前的知识进行整合，并注重大单元的整合。

深度学习下的图形（三角形）教学

　　三角形是平面图形中最简单的，也是最基本的多边形。一切多边形都可以分割成若干个三角形。因此，它是学生学习几何的重要基础。它的稳定性在实践中有广泛的应用。这部分知识是在学生学习了线段、角和直观认识了三角形的基础上学习的。在日常生活中，学生积累了较多的感性认识，也能初步判断哪些图形是三角形。所以，三角形在知识体系中起到了承上启下的作用。课程标准对本部分的要求是：在知识技能方面，了解一些几何体和平面图形的基本特征；掌握测量、识图和画图的基本方法；在数学思考方面，探索简单的图形的性质、运动现象的过程；初步形成空间观念。可见，三角形的认识是知识的重点，也是难点。学生之前仅仅在一年级了解了三角形这种图形，认识了三角形有三条边和三个角这种表象。之后学生在高年级又学习了多边形面积，掌握了三角形面积的计算。本节课，教师让学生充分动手实践，发现三角形的奥秘，学习三角形的分类，画好三角形的高，继而为之后学习三角形以及多边形的面积打下良好的基础。针对教材、学情，本节课的教学重点体现了以下几个特点。

一、关注学生的学情

在教学中，教师关注学情，才能进行有效的教学。每个学生都不是空着脑袋进教室的，在备课时，要多多研究学生的已有水平。如果教学难度太低，会使学生失去学习兴趣。教师在处理大多数学生已经了解的知识时，可以处理得快一些。比如，在本次教学中，教师考虑到学生们已经对三角形有了初步的认识，对三角形的特征也有了一定的了解，所以认识三角形的特征的环节没有占用太多的时间。同时，不能选取过难的教学内容、定太高的教学目标，要把教学难度控制在学生的最近发展区，让学生不能轻易够着，而在教师的帮助和引导下又能够着。因此，教师在探究三角形定义的环节中，没有把抽象的三角形定义直接教给学生，而是通过辨析错误的三角形，一步一步引导学生抽象出三角形的定义。所以，教师要研究学情，确定学生的最近发展区，控制适当的难度，令教学过程张弛有度，令教学节奏快慢有序。

二、给予学生探索的机会

教师要从传统的传授者向新型教师转变。新时代的教师不是单纯给学生灌输知识，不能只关注学生有没有学会结果，更要关注学生自主学习和探索的过程。这也是本次教学中教师有待提高的地方。在学习什么是三角形的高这一环节，教师只激发了学生希望认识高的兴趣，但是没有给他们太多探索什么是高的过程。"什么是三角形的高"是教师教给学生的，应该结合具体的生活中的例子，让学生直观感知什么是高，如我们的身高是从人的最高处到地面的垂直距离，从而类比得出三角形高的定义。此外，还要让学生学会学习方法，锻炼学习的能力。作为一名数学教师，一定要明确，教学不是为了教会学生一个知识点，而是要给予学生充足的机会，让他们去亲自探索知识，允许他们犯错误。在探索的过程中，引导他们从旧知识中生长出新知识，提高思考问题、分析问题、解决问题的能力。本次教学中画高的环节也存在不足，画高的方法是教师教给学生的，使学生失去了自我探索和犯错的机会。本环节，教师应该充分放手，把主动权交给学生，鼓励学生独立思考后，小组讨论交流，在犯错和碰壁中找到画高的方法。

三、数学来源于生活

数学是来源于生活的学科，在教学中要回归生活。在教学过程中，教师一定要结合具体情境，结合生活实例，这不仅能让学生体会到生活处处有数学，而且能让晦涩难懂的知识点变得通俗易懂，提高数学课堂的趣味性，激发学生想学数学的积极性、学好数学的自信心。在本次教学中，学生虽然通过动手操作体验到了三角形的稳定性，但是这还远远不够，应该结合生活，找一找生活中广泛应用三角形稳定性的例子，从物理属性上给予正面的解释，从而让学生体会到生活中处处有数学，学好数学对我们的生活非常有帮助。

四、知其然也要知其所以然

在教学中要引导学生学习是什么，更要帮助学生多问"为什么"。在认识三角形稳定性的环节中，教师设计了让学生用小棒围成三角形的小组活动，以此让学生感受三角形的稳定性，但是并没有使学生真正明白为什么三角形具有稳定性：当三角形的三条边的长度确定时，它的形状大小是唯一的。这是需要改正的地方。教师可以对比每组三角形，引导学生发现这些三角形都是完全相同的，进而明白三角形具有稳定性的根本原因。

五、贯彻巩固性原则

眼过千遍，不如手过一遍，在教学中要切切实实贯彻巩固性原则。在

学习三角形高的环节，虽然学生能说出如何画三角形高的步骤以及要求，但是仅凭寥寥几道练习题还是不够的，无法让学生达到熟练的程度。应该多编几道变式题，如给不同类型的三角形画高，给三角形不同底边画高，帮助学生明白画高时三角板的摆放方式，以更好地掌握给三角形画高的方法。

六、育人为本，德育为先

小学是学生长身体、增知识，逐步形成人生观、世界观、价值观的关键时期。因此，需要把道德教育融入日常教学全过程。在认识三角形稳定性的活动中，教师提出了"三角形这么稳、这么好，能不能把生活中的物品都设计成三角形"的问题，引发了学生的意见分歧。经过讨论，学生发现我们既要利用三角形的稳定性，也要借助其他图形的特性，进而顺势让学生明白"物尽其用，人尽其才"的道理，希望学生能努力学习，以后发挥自己的特长，施展自己的才华，为祖国的发展贡献自己的力量，充分地将德育融入数学教学。

"最近发展区理论"下的教学策略

平移与旋转这两种现象是生活中比较常见的几何现象。课程标准不要求对这两个概念进行定义，更不需要学生去背诵结论性的语句，只要求学生紧密联系生活实际去感知这些现象。三年级的学生在生活中见到过很多平移和旋转的运动现象，他们的头脑中已经有了比较感性的平移和旋转的意识。受生活经验的限制，学生对于好多现象的判断还有些模糊，更无法想象，不能透过现象用数学的眼光来抓住运动方式的本质。

本节课的教学给我的最大启示就是学生最近发展区的问题。

首先，我们要明晰维果斯基的"最近发展区理论"认为学生的发展有两种水平：一种是学生的现有水平，指独立活动时所能达到的解决问题的水平；另一种是学生可能的发展水平，也就是通过教学所获得的潜力。这两者之间的差异就是最近发展区。这给我们的启发就是，教学应着眼于学生的最近发展区，为学生提供带有难度的内容，调动学生的积极性，发挥其潜能，超越其最近发展区而达到下一发展阶段的水平，然后在此基础上进行下一个发展区的发展。

其次，教学设计一定要着眼于学生的最近发展区，如果太容易，无法调动学生的积极性，浪费课堂时间；如果太难，则无法让学生体会到学习的乐趣，还会让学生失去信心，使问题失去价值。所以在教学中，要在知识的生长点上引导学生思考并开展教学，这样有利于学生对原有知识的巩固，也有利于将新知识同化，使认知结构更加完善。

最后，在上课前，一定要了解学生的最近发展区，即学生自己不能独立完成，需要教师或同学、家长的帮助才能解决的问题。也就是要了解学情，才能做到有效教学，真正做到"三教""三不教"。

对于本节课，有几点与大家分享。

1. 数学简洁美

这种简洁是指语言叙述的简练、解题思路的简洁、符号书写的简单、计算方法的简便等，还要以最有效的方式呈现给学生，使数学课堂既简约又有层次性，体现出数学学科的本质。在这节课中，教师的语言不够简练，复述总结能力差，还需要提高对课堂的总控能力。

2. 大单元教学

数学讲究系统性和逻辑性，知识与知识之间的联系性非常强，缺少其中一个环节，对后续及整个学习都会造成影响。所以在以单元为单位进行教学整合的同时，还要更为宏观地把握单元之间的衔接和铺垫，使知识在递进中不断巩固。因此，教师在以后的备课中，一定要仔细研读教材，分析教材，吃透教材。要把握教材，必须认真阅读、仔细研究教材的一字一句，包括教材的课后习题，努力理解教材的编写意图。

3. 因学定教

学情分析对教学具有重要意义，只有把握了学生的认知水平，才能把握这堂课的重难点，从学生的角度思考问题，充分理解学生的感受，才能使教学方向更正确。要多问几个为什么，如为什么要这样设计，这样设计是为了让学生学到什么；要了解哪些是学生本来就会的，哪些是需要教师或同学帮助才能解决的问题，这才是一节高效的数学课。教师一定要了解学生，多与学生交流沟通，了解全体学生的学习水平，这样才能做到有的放矢。

4. 课堂实效

一节课是否成功，关键要看在教学中是否有效地促进了学生的发展。本节课，教师通过创设问题情境，让学生分组讨论，设计并提出具有启发性的问题，引出本节课所要学习的内容；根据教学内容，选择学生所熟悉的生活中的事例，利用多种教学手段，让学生体会平移和旋转；还通过动图展示、小组合作、猜想、验证等方法让学生总结平移与旋转的特点；最后欣赏视频，体会数学之美。在这节课中，课堂提问很是单调，缺乏新鲜感；教师说得多，学生说得少，大部分是教师提问、学生回答，学生跟着教师的思路走，没有真正做到以学定教。本节课，在初步认识平移和旋转的基础上，还需要对平移和旋转的各个特点进行详细描述。要注重高效的课堂教学，以学生为中心，对于他们难以理解的部分进行重点讲解，进行启发式教学。

5. 数学思想

数学思想和方法通常蕴含于教材之中，所以一定要研读课标，根据课程内容来处理教材。在备课撰写教学设计时，要钻研教材。多问自己几个为什么，把数学思想作为与知识技能同等地位的目标呈现出来。另外，在知识形成过程中体现数学思想，通过问题的研究，让学生经历知识形成的过程，渗透数学思想。例如，教授"平移和旋转"一课时，鼓励学生大胆猜想，问"平移和旋转的过程中，物体的方向、形状、大小、位置发生变化了吗"，鼓励学生思考回答，但这些回答都是学生基于知识经验的猜想，要得到结论，就需要动手去验证，通过教师的引导，学生动手去操作，让学生经历猜想、验证的探究过程。

6. 教学活动

都说教学形式多样化才能引起学生的注意，在课堂结构没有吃透的情况下很难变出花样来让学生喜欢，但怎么丰富教学活动是一个值得我们时刻去思考的问题，有待我们在理论学习的基础上去实践、去探索。

深度学习下的数学大单元教学思考

　　教学2～5的乘法口诀，要引导学生通过编制口诀的过程，领会乘法的意义，感悟乘法口诀的形成过程和内在联系。可以通过创设生活情境引发学生的问题，通过对数学活动的体验促进学生的全面发展，提炼学习的方法、变式练习、拓展深化，培养学生的应用意识，对学生的发展及时予以评价，促使学生更加深度地学习数学。

一、单元教材简析

　　表内乘法（2～5的乘法口诀）是青岛版小学《数学》二年级上册第二单元的内容，是学生学习乘法的开始，也是学生今后学习表内除法和多位数乘、除法的基础。让学生体会乘法运算的意义，在理解的基础上编制、熟记1～5的乘法口诀，是本单元的教学重点，其中3、4、5的乘法口诀是教学的难点。

　　信息窗一　5的乘法口诀及应用。

　　信息窗二　2的乘法口诀及应用。

　　信息窗三　3、4的乘法口诀及应用。

　　相关链接　乘加或乘减并解决问题。

二、教学活动设计

（一）创设生活情境，感知数学

本单元教学我以学生喜欢的"看杂技"为主题创设情境，设计了"单轮车表演""顶杆表演""晃板与顶碗表演"等教学情境，主题图中蕴含着丰富的"相同加数"，为引入乘法做准备。通过学生喜欢的儿歌引入，让学生用小棒或圆片摆图形，并呈现每个学生摆出的图形，数一下每个学生用了多少根小棒或圆片，然后列出加法算式、乘法算式。通过这些素材可把学生吸引到课堂情境中，同时可激发学生对生活经验的回顾。《义务教育数学课程标准》（2011年版）指出："数学教学是数学活动的教学。教师要紧密联系学生的生活环境，从学生的经验和已有的知识出发，创设生动的数学情境。"因此，数学教学中应将生活与数学学习结合起来，让学生感觉熟知、亲近，使数学变得具体、生动、直观，使学生感悟、发现数学的价值与意义，学会用数学的眼光观察周围的客观世界，增强数学的应用意识。

（二）探究新知，体验数学

小学生的思维特点以具体形象为主，所以在教学中尽可能地让学生进行动手操作，在操作中主动探求新知，发展他们的数学思维。例如，在教"5的乘法口诀"时让学生动手摆圆片，由于是学生亲自动手操作的，学生有了切身的感受和体验，因此能够满怀兴趣地积极参与到学习活动中。

在编排乘法口诀的设计上，问题与材料的设计是丰富多彩的，有文字、图片、表格等多种呈现形式，有利于学生多感官、多角度、多层次地获取数学信息，促使学生发现问题、抓住本质。因此，在编排"2~5的乘法口诀"时，可以根据儿歌、加法并做出范例来编，也可以根据乘法或者制作表格独立编制。这样由易到难的设计，逐步扩大了学生的探索空间，使学生更加深入了解了乘法口诀的意义。

小学生是按照感知—表象—概念这一规律学习知识的，动手操作可强化其感性认识，为建立清晰而准确的概念打下基础。在动手操作、分析比较、归纳、熟练中，学生的思维能力得到提高，进而类推出规律，如一句口诀有四五个字，前两个字表示因数，后面的数表示积。这样既建立了清晰的概念，也促进了学生思维的发展。

"2~5的乘法口诀"按照"小九九"的形式编排，每个有5句，易于学习。一般每句口诀有两个意义，因数相同的表示一个意义。五句口诀从上到下依次递增同等数，从下到上依次递减同等数。学生在观察、推理、归纳中掌握了口诀的特点，使口诀更加容易记忆，既提高了学习的兴趣，又顺利完成了任务。

（三）提炼方法，学会应用

数学方法是数学思想的具体体现，具有模式化与可操作性，可以作为解题的具体手段。例如，信息窗三在解决表演晃板的有多少人的问题时，我放手让学生自己独立完成，让学生到黑板上画一画，理解求一共有多少人实际上就是求4个3相加的和是多少，培养学生转化的数学思想。学生列出乘法算式，直接用乘法口诀"三四十二"就可以解决。这无疑教给了学生一种解决问题的思路。

例如，相关链接中教学乘加、乘减混合运算的问题时，要算一共有多少个小正方体（每行有5个，有3行，多出来2个），应该怎么求？可以引导学生通过观察图画，列出算式$3 \times 5+2$。再引导学生换个角度思考，让学生发现还可以列算式$4 \times 5-3$。

最后总结出这些算式既有乘又有加或减，应该先算乘，再算加或减。这里就运用了数形结合的思想，借助方块帮助学生构建了直观的混合运算的模型。

（四）解释应用，拓展数学

考虑、深思和研究问题，是学生的精神需要，也是学生的天性。而思考，尤其是数学思考，是人类进步的源泉，我们教育学生学习数学，就应该顺应学生的天性，发展和培养学生深入思考问题的习惯，引导学生积极主动地去获取知识、探究知识，最终会运用知识解决问题。这种习惯一旦形成，将是支撑人生的一种巨大力量，对学生的终身学习和发展将起到奠基作用。这就需要教师的智慧。

学生在解决问题的过程中，其操作技巧、思维方式、学习体验是有差异的，对教学中的自主练习题部分，应鼓励学生独立尝试解决。教师应该通过观察、提问和学生交流等汇总解决方案，不足之处可以在商讨中逐步修正。练习中一些开放性的、有难度的问题或者课本中综合练习部分，教师应引导学生在探索过程中，运用所学的知识，采用多种策略解决问题，指导学生加强合作交流，促进学生的共同发展。如果要将学生学习的知识点进行纵向挖掘和拓展，寻求更深的背景理解以帮助学生达到"真懂"的话，还需要让学生建立知识系统，优化知识结构，渗透数学文化。

三、教学评价

在课堂教学中，良好而又恰当的评价对于激发学生的学习兴趣、引导学生的学习起着至关重要的作用。在教学中，我将评价作为一种教育手段，对学生的发展及时予以评价，促使其更好地发展。本单元我是这样做的：一是评价学生找生活中能运用乘法口诀解决的问题，编数学故事的能力，培养学生思维的能力；二是评价学生动手摆一摆，说口诀的过程；三是评价学生理解知识的过程。

生活本身就是一个巨大的数学课堂，我们在教学中要尽可能地让学生认识到生活中处处有数学、数学中处处有生活的道理。只有将数学知识与科学、人类的生活相联系，增大信息量，才能使学生的数学素养得到真正的提高。

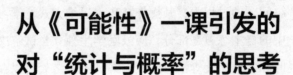

从《可能性》一课引发的
对"统计与概率"的思考

随着课改的不断深入，教学目标也逐渐演变，培养学生适应时代发展的核心素养也在悄然改变着我们的教学方式，"可能性"属于"统计与概率"板块，其中"统计与概率"的主要目标是培养学生的数据分析观念，让学生与实际生活相结合，经历简单的数据收集、整理和分析过程，是小学阶段数学课程标准中重要的指导思想。

在备课时总产生一些焦虑，不知如何给学生上好概率这节课。这节课貌似很简单，用几句简单的话进行描述学生就能听懂，还能把练习题正确地做出来；貌似又很难，如何让学生建立数据分析意识，培养学生数据分析观念，教学设计就成了重中之重。

学生对概率知识虽然已经有所认识，但只是停留在很浅的层面上。这就向教师提出了挑战：如何将课程标准的要求转化为既符合教学规律又能契合学生发展的教学设计？怎样才能让学生更好地学习概率知识？

这些问题一直萦绕在我脑海里，直到读到了关于小学数学教学概念的基本解读的专业读本，我对《概率与统计》一章才有了更深刻的认识，也有了自己的一些思考。

一、统计与概率密不可分

统计与概率是密不可分的，两者都强调数据，都是通过对数据的收集、整理、分析做出判断。不同点在于统计与概率是在数学思维上层层递进的关系。

数据的有序整理、形成统计意识，是学习概率的思维前提。

概率是在大数据支持下形成的来判断可能性大小的结论。

统计学是学习数据收集整理分析的方法，概率论是通过重复多次数据整理分析的实验，得出不同数据发生的随机性结论。

二者的关系是：概率论是统计学的理论和方法的依据，而统计学可视为概率论的一种应用。中国统计学会原副会长陈希孺先生也曾指出：统计学是有关收集和分析带随机性误差的数据的科学和艺术，分析着重在数量化，而随机性的数量化是通过概率表现出来的，由此可以看出统计学与概率论的密切关系。

二、概率（可能性）教学引发的思考

1. 让学生通过经验判断还是做实验

场景一：

师：假如有一个盒子，盒子里有9个白球、1个黄球，这些球除颜色外完全相同，大家猜一猜摸出哪种球的可能性比较大？

生（异口同声）：摸出白球的可能性比较大。

这样设计教学是否可行？华应龙说，学生学习概率的一个重要目标是体会随机现象的特点，即在相同的条件下重复同样的实验，其实验结果不确定，以至于在实验之前无法预料哪一个结果会出现。为了达到这一目

标，概率实验是不可或缺的。

2. 在实验中学生是操作者还是探究者

场景二：

师（出示一个盒子）：暗箱里有9个白球、1个黄球，如果从中任意摸出1个球，是什么颜色的球？

师：好，下面就请你们分小组摸球，记录自己摸球的结果，并与小组内的同学交流摸球的情况。

学生在做实验的过程中，仅仅是一名操作者和记录者吗？教师这样的问题和引导下，学生只看到了现象，并没有深层次地去思考"为什么白球出现的次数多？"或许学生还在想这是一个没有意义的问题。

3. 实验中的探究者

场景三：

师：暗箱里装有一些球，有白色的和黄色的，如果不倒出来，你能想出办法知道哪种颜色的球多吗？

场景四：

师（组织小组活动）：暗箱里有3个黄球和3个白球，每次摸出一个，摸之前先猜一猜你会摸到什么球，每次都能猜对吗？

让学生通过实验来感受不确定性，积累对不确定性的直观感受经验，同时，在实验之前，创设具有挑战性的实验，激发学生探究的欲望，让学生对"可能性"知识有一定的质疑或是渴求。

从专业书中看到，"可能性"是学生初步接触概率的基础课，事件发生的概率是具有随机性的，要让学生体会到"随机性"，就必须通过具体实验来感受频率。而一堂课的时间是有限的，不可能针对摸球实验做上千万次，但是如果没有大数据的支撑，又怎能知道频率的高低呢？张奠宙教授指出：这其实是一个实验与理论分析的矛盾，首先我们应该明确实验的目的不是通过实验得到可能性大或是小的结论，而是在实验的过程中分析检测理论判断。实验做得多，并不一定能说明问题的本质，重要的是通过几次实验让学生感受到"实验结果的不确定性"，而且每种结果发生的可能性相同。通过做实验，运用频率高低去分析评估每种结果发生的可能性的大小，从而得出结论，而不是通过实验直接得出可能性大小的结论。

在建模中培养学生的核心素养

《路程时间速度》是青岛版小学《数学》三年级下册第九单元的信息窗一的内容，属于数与代数领域中的解决问题。这节课的设计很好地体现了史宁中教授提出的"发展数学学科核心素养（主要体现了模型思想、数形结合和优化的思想），引导学生学会用数学眼光观察世界，用数学思维思考世界，用数学语言表达世界"的理论。

本节课，教师立足模型思想，经历了建模的三个环节：问题抽象—建立模型—解释与应用，依据学生的认知起点，关注学生已有的生活经验，有效整合教学资源，通过画线段图等数形结合的方法，让学生在现实生活情境中理解速度概念的内涵，掌握"路程、时间与速度"的关系，突破了本节课的教学难点，建立了模型，并利用模型解决实际问题，在练习的优化中掌握了本节课的教学重点。

教师的素质比较高，语言活泼风趣，目标清晰，思路严谨、有序，过程层次分明，内容典型有趣，评价客观公正，加上干练的教学风格、巧妙的教学设计，使整节课自然和谐、精彩纷呈，主要体现在以下几点。

1. 深度学习，抽象问题，用数学眼光观察世界

新课伊始，结合学生熟悉走路上学的生活情境，以问题为载体，体现了青岛版教材的特点（情境串—问题串），帮助学生初步认识了路程、时间，理解了"单位时间"和"走过的路程"。接着设置了关键问题——"谁走得快"，鼓励学生列除法算式比较1分钟行的路程，通过线段图画一画、指一指、辩一辩，积累了"比较快慢实际上是比较1分钟行的路程（就是速度）"的学习经验，初步认识了速度的内涵。接下来的抽象问题"为什么不直接比较时间和路程"，让学生在深度思考中感知速度这一概念产生的必要性，为后续模型的建立做好铺垫。由特殊到一般的学习经历，符合学生的认知规律，便于学生理解概念，明确关系，建立模型。

2. 直击矛盾，建立模型，用数学思维思考世界

这节课的教学重点是在解决问题中提炼模型，让学生感受模型的价值。在教学中，教师引导学生总结出"比快慢"的一般方法就是比"1分钟行的路程"，再结合算式和数据的含义归纳、提炼出"路程÷时间=速度"的数学模型，明确"比1分钟行的路程就是比速度"。学生既提炼出了数学模型，又体会了模型存在的意义。在接下来的模型初步应用中，教师利用"神七的速度"和"骑车的速度"都是"8千米"，激发学生的认知矛盾，理解复合单位的含义及其读法，厘清速度、速度单位和速度模型之间的关系。通过让学生谈一谈对速度的感觉，进一步总结出速度的定义：单位时间内的路程叫速度。鼓励学生试着找一找生活中的速度，说说速度含义，加深了学生对速度的理解，体现数学来源于生活又服务于生活的理念。接着引导学生选择一个喜欢的速度，提一个求路程的问题，列出算式并计算，观察、发现相同点，总结出第二个模型：速度×时间=路程。在追问中得出第三个模型：路程÷速度=时间。提炼出完整的数量关系，让学生感知三者之间是相互关联的。

3. 整合资源，解释与应用，用数学语言表达世界

为了让学生更好地应用模型，教师精心整合了教育资源，分层设计了基于生活、高于生活、内涵丰富的练习，通过"限速牌""雷电""龟兔

赛跑"的速度信息，感受速度与生活实际、自然现象、经典问题之间的紧密联系，体验速度存在的重要价值，学会用数学的语言表达世界。同时在练习中通过讲述中国轨道交通的发展，感受祖国的日益强大。这些都很好地培育了学生的理性精神、家国情怀的核心素养，体现了"小课堂，大社会"的教育观。

通过练习反馈，获知学生的正确率比较高，说明学生很好地掌握了本节课的知识点，进而证明了教学的扎实有效。

当然，本节课还有值得反思的地方。一是教学"速度"概念时，应明确"路程"有别于"距离"。"距离"指的是两点间线段的长，而"路程"可以是两点间曲线的长，也可以是线段的长。二是课堂上走教案的痕迹过重，缺少生成性的东西，学生情绪没有被完全调动起来。

总之，在这节课中，教师的教学是可圈可点的，用几个关键词来总结，即有核心，有素养，有创新，有整合，有效率，有待提高。

第四篇

4

学有所获

我命由我不由天

2019年有一部动画电影火爆全国——《哪吒之魔童降世》，这部电影里面的哪吒生而为魔，遭世人厌恶，却敢于向命运抗争，喊出"我命由我不由天"的壮志豪言。的确，不信命就是哪吒的命，那么，同学们的命呢？

在生活中，总有人抱怨自己命不好，抱怨自己不具备天生就有的智慧，总抱怨同学、教师、家长不理解自己等，甚至觉得命运是如此不公，认为别人的成功与进步不过都是命运的眷顾。

我们来看一种海洋生物。在大海中，大部分鱼类具有鱼鳔，它会产生浮力，并保护鱼类不受水压影响。但是有一种鱼天生没有鱼鳔，却在地球上存活了4亿年之久。它只能依靠不停地游动才能保证不沉入海底，而这也使它的耐力、速度、灵敏度都远超其他鱼类，从而成为海中霸主，它就是鲨鱼。

所以，当我们感觉困难束缚了我们的脚步时，与其一直渴望幸运之神的眷顾，不如像哪吒与鲨鱼一样，竭尽全力努力一把，用这种"我命由我不由天"的精气神去改变困境。

华为公司总裁任正非说过，华为公司没有任何的资源可以依靠，能够依靠的只有大脑，从大脑中去开发森林、开发矿产。就是依靠这种敢于同命运抗争、敢于向困难挑战、敢于向失败抬头的勇气，华为公司不断创造奇迹，走向世界。

百年前，梁启超先生曾在《少年中国说》中讲道："青春如朝阳，如乳虎，如雏鹰，生气勃勃、活力满满，孕育着无限的潜能和希望。"塞万提斯说过："每个人都是自己命运的开拓者。"真正的成功者，从来不会祈求好运从天而降，而是让自己的努力早日能够匹配得上好运气。

学习就像一场马拉松，重点不是一直超越别人，而是你一直在跑，一直在成长，因为最美丽的风景，一定会在前方等待着你的到来。所以，希望同学们在学习中要学会坚强，练就百折不挠的胆气，保持乐观向上的精神，逢山开路，遇河架桥，无论遇到多大的困难，都要坚定信心，相信自己，相信"相信"的力量，相信你的努力终究会成就你自己。加油吧，少年们！

我的节日我做主

——谈谈身边的榜样

又迎来了一个教师节，大家都用自己不同的方式表达对教师的祝福。作为从教二十多年的教师，我也收到来自四面八方的学生的祝福和亲人的问候，心中备感温暖，感到自己的价值所在。"高山仰止，景行行止"，对照全国教师楷模，我虽不能至，然心向往之，觉得自己的教育之路还很长，仍需努力。

教师节前夕，《人民教育》杂志对教育部10年来"万里挑一"评出的100位教师楷模做了深入分析——他们为什么优秀？我觉得他们身上有些共性的东西值得我去学习。

首先，有追求。表现为事业心强，异常勤奋，不求回报，胸怀大爱。例如，忘我工作、为学生打开创造世界大门的中国科学院院士、南开大学教授周其林；愿意一辈子俯下身子快乐育人的上海杨浦区本溪路幼儿园教师应彩云；要使乡村孩子通过读书有更美好的前程的贵州省盘县（今盘州市）响水镇中学教师左相平。

再者，有突破。表现为改革创新，永不满足，敬畏规律，问题意识。

例如，改革先锋、提出"学语文就是学做人"的上海市杨浦中学校长于漪；坚持以学生为本推进教学改革、探索解决学生的学习动力难题的河北省兴隆县六道河中学教师贾利民；让儿童主动快乐地学习、研究情境教学的李吉林老师。

最后，有改变。表现在敢于为之，坚守初心，心有大我，至诚报国。例如，国外留学、学有所成、坚持回祖国奋斗的吉林大学教授黄大年；用自己的坚守与奋斗诠释"明知不可为而为之"的河南省南阳市镇平县黑虎庙小学的"80后"校长张玉滚；投身西部少数民族支教、坚持扶贫的浙江省杭州学军中学前校长陈立群。

"先生之风，山高水长。"作为"大先生"的教师楷模，为我们时代传递的正能量是巨大的，他们对于每一位教师尤其是我个人如何追求优秀、卓越乃至如何过好人生，都具有良好的启发、激励作用，为我指引了过上有意义生活的方向。

感谢一代又一代的教师楷模，向你们学习，向你们致敬，愿与你们并肩前行，走在新时代的教育大路上……

数学课程标准的应用型解读

一、何为理念

理念：学为主体、教为主体、评价等都隐含在课程理念与教学建议里，我们把新课改理念从课标中抽出来，考虑理念的落地问题。

目标：学科总目标、学段目标

总目标：知识与能力、过程与方法、情感态度与价值观。

理念与目标怎样落地？如三维目标，都会反复提到目中有人、教书育人等怎样落实。三维目标包括知识与能力、过程与方法、情感与态度。举例子谈谈，不面面俱到，重点考虑每个目标怎么落地。

古人认为，"师者，所以传道、授业、解惑也。"传道：情感；授业：方法；解惑：学问。我们的理念却倒过来了。我们该如何来解读？哪个是最重要的？是学习、生活的态度最重要还是知识最重要？

专家认为，知识强调的是基础，知识是最重要的，那基础是为谁服务的？当下来讲，网络智能时代知识已经不是最重要的了。50年前，离开教师，学不到知识。而网络时代，已不是知识问题，而是态度问题。一个一年级小学生，教师不说知识方法，只要想学，他自己就可以创造学习。反过来，一个孩子如果不想学，教师准备再多的内容都不起作用。

我们面对的是学生学习内驱力的问题。1992年之前，生存动力与学习动力联系在一起。而今天，孩子们都没有了生存的压力，学习内驱力怎么给力？也就是在目标中，什么是最重要的？三维目标是一个理念，我们要有一个正确的理解，正确的理解之后才是做法。

二、如何解读

首先思考：我们把谁放在优先的地位，什么叫目中有人，人的主观能动性如何。解读要有自己的理解，跟着大家跑就没意思了。可以用各种方法、各种手段，如为了解决学生想学的问题，有人提出情境教学。情境教学是外部刺激，解决注意力的问题，不是合作学习。众所周知，第一要解决理念的问题，很多时候人们误把讨论交流当作合作，四人讨论找人发言，这不叫合作学习，而叫讨论交流。有目标、有组织、有过程、有合作、有监督、有生成、有评价，才能称为合作。合作应该是一种组织，是一种学习性组织，有共同的目标与愿景、共同的任务，在相互帮助中得到监督、资源共享，这才是合作。评价时，有的教师进行了捆绑式评价，对小组而不是某个人。与谁合作？是纯学生吗？包括教师参与吗？家长参与吗？有社会资源参与吗？合作的对象怎么确定？合作的场地在哪里？在课堂上吗？在学校吗？课下能在生活中形成一个集体吗？现在我们搞学习共同体，不只是为了学习，更主要的是合作，可以解决学习分享的问题、资源共享的问题。更重要的是，根本性的目标是相互学习，学习的最根本、最高境界是学会合作，将来学生会成为一个什么角色，如何处理好自己与他人、与群体的关系，是一个社会化的问题。

什么是解决内驱力的根本？我想是成就感，享受成功。如果把这些都放在解读中，那么理念与做法就都不一样了。我们要根据这样的理解去寻找方法。三维目标是有缺陷的，第一个是少兴趣、少过程方法。习惯教育就是培养良好的习惯，方法要内化成习惯，怎样才能内化成习惯呢？如

何抓？有哪些良好的习惯？这些都可以在教育教学中寻找。教学目标的落地，究竟是为了当下的考试，还是为了学生一生的成长。考试与试卷中虽然没有这样的习惯，但是将直接影响学生一生的学业。我们一直在关注"5+2"的问题，从学生起床开始抓，自己起床还是父母叫醒？做作业，是先做再吃饭，还是先吃饭再做？再往下，做作业时怎样读题，看一个读一个，看完了，不去做先去想，想清楚了，对这个问题有完整的理解，然后再去写、读、思、练，这是做作业的要求。必须完整地读，进行深入全面的思考，在深入全面思考之后，形成完整答案，正确理解，这种做法对学生初高中学习也有很大的帮助。

三、何为学为主体

这个"学"包括学生与学习。为什么我们都是以教为主呢？因为工业时代，学习的主要目标是知识，有了知识做媒介，就可以学习技术。一个知识点的概念，一个物理公式与原理，教师集中讲授，效率高，所以那个时代的人们慢慢选择了以教为主体，直接讲解。现在是互联网时代，考虑的是学生的态度与情感问题、创新思维与精神问题、核心素养问题等，这些是讲解来的吗？能力的生成、习惯的培养是靠讲解吗？当然不是。当教学内容发生变化时，我们教与学的方法肯定要发生变化。我们不排斥完全不讲解的方式，因为未来可能是学为主、讲为辅，学生学习的方式与渠道比较特别，教师没必要霸占课堂。这样的理念该如何落地呢？教师不讲，学生会吗？这就引出来一个导学的问题，但是有些导学变味了，直接变成了习题。真正的导学，应是问题与目标、方法的导学，给学生目标与方法，让学生自己去研究。

关于"授之以渔"的问题，当下很多教师把"授之以鱼"当成了"授之以渔"。在课堂中，学生有这样的练习吗？即有了方法，再去做练习。例如，在课堂上鼓励学生互相评价，我们有标准吗？我们可以采用一个支架，教给学生方法。一是评价别人时要重复别人的论题，指出表达的问题或是主题。二是归纳学生的表达内容是从几个方面回答的。三是指出优点，在整个的交流展示中，优点有哪些。四是指出问题，哪里错了，哪里有问题。五是提出自己的建议，你认为可以怎样做。六是结束时，要虚心表示"我刚才做的这样的反馈不一定正确，请教师、同学批评指正"，防止学生永远"我我我"。知识是手电筒——照见别人照不见自己。我们期望学生小学几年下来，不要认为自己是真理的化身。七是表示感谢，鞠躬90度。这就是回答问题评价的标准，这就是"渔"，包括怎样做笔记。"授之以渔"，第一要有"渔"，第二要有练，要让学生"摸鱼网"，不能教师去讲。

关于目标自主、学习自主的问题。自主合作探究，如何落地？怎样解决自主学习、终身学习的问题？教师一问一答能解决吗？应培养自主学习意识、教给方法，最终形成自主学习的习惯。生活就是课堂，为什么生活中鼓励学生自己起床、计时，目的就是培养学生的自我意识与效率意识。

四、如何解决课程标准目标

我们为什么反复强调，依据课标教学不再依据课本教学。放大、放慢教学，怎样放慢数学速度？要让思维站在学生指尖上。在做中学，教师讲一遍，学生一下子就过去了；如果让学生操作的话，他们就会边做边想，就会思维放慢。哪一个有利于学生思维发展？什么叫放大？就是让学生表达出来。学生摆一摆、画一画、说一说，当他们说出来时，就已形成一个完整的思维体系，能表达出高阶思维，做明白、说明白，就不是一个浅层次，数字阅读、算式阅读等，都是放大、放慢思维的过程。

怎样培养数感？放大放慢思维的过程（重构教材，不赶进度）就是依据课标教学与依据课本教学的本质区别。数感的关键点（数位、组成）都

是后边计算的根本。进位退位都是从数位与组成那里出来的。例如，38，这是一个两位数，38个一，个位是8，十位是几个十？十位上是3，表示3个十，如果每个学生都能立马想到这些，那么进位加法、退位减法就没那么难。

空间想象与空间思维，用哪一个语言表达不重要。空间思维能力如何培养？用什么培养？用教科书培养，能不能解决空间思维能力？用信息窗的方式培养空间思维能力，用传统教学在平面上学习数学，都无法建立空间思维能力。因为课标强调数学思维，课本没有数学思维，这就是不依据课本的原因。比如，我上了一节几何课，从点开始，点了一个点，这是什么图形？学生说是点。点有大小吗？点有方向、长度吗？学生说没有。我把粉笔横过来又画了一个点，黑板上有两个一大一小的点，学生有困惑了。此时就开始训练空间思维了：教室大不大？可以画多少个点？站在飞机上能看到几十几百个点吗？地球大不大？能装多少个点？万亿级的点。站在太阳系的边缘，地球就成了一个点。站在银河系看呢？知识不是重要的，重要的是学生的想象能力、空间思维。有了这样的思维，学生才能理解射线、直线。过一个点可以做多少条直线？学生知道，也来做，体验放大、放慢的过程。过一个点做无数条直线，数学语言必须完整。那么大家想一下，过一个点做无数条直线，会得到一个什么图形呢？我没问平面的。结果，绝大多数学生回答得到一个圆形。这说明学生的直线模型是错误的，和线段模型混了。只有一个学生说得到一个平面。把黑板上的点拿到空间里来，得到一个什么图形？学生说：这是一个球体，当空间无限大时，就是一个实体。这样就把学生的思维空间拓展了。

空间思维能力在哪里培养？这个培养只有宏观的思维，有没有微观的？空间是多维的。一滴水可以看作一个点，我问学生有没有比一滴水更小的点？学生说：水滴是由水分子组成的，一个水分子是一个点。点的相对性开始萌芽。分子里还有点吗？电子，电子是分子的一个点，引导学生

向微观空间发展。

我们在黑板上作图，在作业上作图，本身就把整个数学平面化了。在教室里讲直线、吨、小时、千米，能建立模型吗？怎样真正建立数学模型？很多时候，我们建立了数量关系的模型，而不是概念本身。厘米、毫米，只是建立了数量模型，而没有建立长度单位的模型。方向也是这样，真正的方向与位置模型也没有。我们当下的这些方向与位置模型，有很多建立不起来，就是因为课标没有得到落实。

数学测试的终极价值

如题：从一张长9分米、宽4分米的长方形硬纸板上剪下一个腰长6厘米的等腰直角三角形，最多能剪多少个？

这是摘自试卷中的一道题，许多教师给学生练习了，我也不例外。面对此题客观存在的问题，一些教师的态度让我很诧异——不要劳神，不要想太复杂，学生想不到那么复杂，就这样做就行了。

为什么这么说，首先要从此题的命题及解答来分析。

从长方形硬纸板上剪下等腰直角三角形的一般思路是先剪下和这个三角形等底等高的长方形（本题是剪正方形），剪下多少个长方形或正方形，然后再将长方形或正方形沿对角线一剪为二，即长方形或正方形的个数乘以2就得到了正确答案。需要指出的是，这是一般思路，这个思路有时比学生更喜欢的大面积除以小面积——用长方形硬纸板面积除以每个三角形的面积更符合实情，我们承认这个事实，但并不表示这样做就一定正确。

以此题为例，许多教师承认的正确答案是180个，具体过程如下：

9分米=90厘米

4分米=40厘米

90÷6=15（行）

40÷6=6（列）……4厘米

6×15=90个边长为6为厘米的正方形

90×2=180个腰长为6厘米的等腰直角三角形

有问题吗？没有问题。但如果我们在面对问题时都这样套路式地解答，那么学生的独立思考能力、辨析能力、质疑能力以及自主尝试解决问题的能力又如何得到发展呢？

以上述解法为例，学生在按照教师所教的规范解题过程解题之后有没有再反思过，有没有再想过我们剪下180个腰长为6厘米的等腰直角三角形之后，剩余的部分是什么？有多大？

当学生算出剩余部分是一个长9分米、宽4厘米的大长方形时，他们有没有想过自己的这种剪法是否太浪费了？他们有没有质疑过教师的这道题的解题方法？他们有没有想过尝试用其他方法来剪腰长为6厘米的等腰直角三角形？

如果这一切都没有，则是教育的悲哀，我们教育的目的竟然是让学生学会或者说记住教师的解题思路、解题套路，而非帮助学生形成自己独特的判断力和思考力，这样的教育有多少意义？考分再高又有多大用处？当我们的教学只是为了做题——只是为了套路式解题，比一比哪个学生按套路解题解得好，最终培养的是什么样的学生呢？

说到此，我并非表示对命题的质疑，我更关注的是部分学生的思路，有没有学生会发现其中存在或者估计到可能存在问题呢？当然有，而发现有问题的学生往往都是学习能力强、自主思考力强的优等学生，如果此时我们面对问题采用回避的方式处理，那么对于学生的思维发展是不是一种极大的打击呢？

回到之前的解法，其实这也是一种回避，回避学生面对不同问题情境的独立思考。为什么会这样？因为我们怕出错，怕学生质疑，我们可能为

了所谓考试的分数而简化思考，许多时候会给学生统一的、简洁的解题方法，而非让学生进行客观、真实的数学思考，我们有的解题思路其实就是一种回避，回避学生可能的错误，用一种简化后的思路来"正确"解答问题。这种教学可能会让学生获得高分，却未必能够真正促进学生思维能力的发展。我认为有效的教学就是要培养学生在不同情境下独立自主发现问题、提出问题、分析问题、研究问题和处理问题的能力，这远比分数重要。

回到原题上来，所谓的正确答案180个当然不正确，这种"正确"的思路束缚了学生的思考，限制了学生思维的发展。如果有学生提出一定大于或者可能多于180个并且不足200个时，我觉得一定要对这样的学生给予肯定甚至来点掌声——发现问题远比解决问题重要。

如果学生从小就对可能存在的问题视而不见，只是按照固定的方法、思路去解答问题，那样的学习毫并无意义。考试不仅仅是考查学生对已学知识掌握了多少，更重要的是考查学生面对问题的独立思考能力，考查学生分析问题、处理问题的能力，最终目的是让学生成为一个有主见的人。会思考、敢质疑、能尝试比在考试中做对题重要得多。

教育是慢艺术

——论数学教学中的"三不要"

有幸拜读了一篇教育随笔——《教育是慢的艺术》，心中似有所悟。最近一直致力于对学困生的研究，这个研究并没有遵循已有的成果，把学困生的类型进行划分，我更关注的是不同学生的不同困因，思考从各种不同的实例中找到有效提高他们学习成绩的路径。一个个实证案例，一节节定向观察，一次次课前分析、课后反思，使我有了一点自己的想法，也许努力做到"三个不要"，会使当下课堂中的数学学困生减少一些。

一、不要让作业批改影响学生真正的思考

一位教师的一篇文章激起千层浪，其实在任何地方、任何时候我们都在或多或少地为所谓的检查所累吗？定向定量的作业，必须批改到位，订正到位，但我们的学生千差万别，特别是数学学科，绝大多数教师可能都和我一个样，每天要完成规定的三项任务：教材练习、补充习题和练习测试。这样的作业对于学习能力强的学生来说没有问题，完成效率高，正确

率也高，但是对于学困生呢？他们能否按时保质地完成？显然不能，特别强调的是这些学生往往不是数学一门作业如此，每一门作业都如此。

此时，如果我们以应付检查一样的标准来要求这些学生，那么他们的作业就是一座大山，要么不断订正，要么不择手段完成，无论哪种方式都只有一个结果——应付检查，应付批改，而对他们的学习毫无帮助，有时候甚至会适得其反，多做作业反而成绩会更差。有据可查，此时，这些学生的内心想的已不再是学习，不再是如何把知识弄明白，而是如何应付完成。此时此刻，正确的答案往往郁伏着学习的困惑。我认为，学生的学是最重要的，不同的学生应该完成不同的作业。最重要的是通过有限的训练促进学生真正弄懂弄通，面对学生的错误切不能以"你"将要面对上级的检查为目标。如果这样，学生一定会很累。我们要适当减少学生的作业量，当学困生作业出现大量错误的时候，订正没有客观分析错误、帮助学生理解思路重要，如果能够如此，作业少写，甚至不及时批改都不重要了。

因为只有这样，学困生才不会执着于按标准完成作业，才可能更关注理解、关注解困。

二、不要让捷径来致困

教学是个慢艺术，如文质先生言，教学不能失去耐心，教学中不能受他人影响，要耐心关注每一个学生学习、理解和接受的度。一些年轻人会受到别人的影响，更关注所谓的教学计划、教学进度，而忽视了课堂中学生真实的理解度、真实的参与性。特别是有些"有经验"的教师会把自己的"经验"传授给学生，按教师的方式、秘诀来，一套就用，一做就对。这些经验即捷径，会让学生因对而忽视会，会让部分学生失去必须经历的困。没有困惑与疑问过程的学习对于他们来说是没有效果的学习，尽管这个过程可能会很慢，但如果我们没有耐心，没有细致关注他们的思与困，只以简单的正确率来评价学习，那么部分学生就会因过于快而失去了慢慢消化的过程，就会因为作业的正确而不去关注自己的理解是否到位。长此以往，部分学生的数学学习思考力、独立分析力都会下降。

实证观察可知，有效的学习必须让每一个学生充分经历，充分思考，要让他们以自己的理解去慢慢消化。如果我们的课堂设计过于精巧，我们的路径过于严密，那么少数学生就会失去真正"思考"的过程，"困"也会随之而来。

三、不要让学困生成为台下的观众

这是一个常见的现象，尤其是在一些公开课中，经过反复操练的课，表面看来学生应答如流，思考积极活跃，分析细致，但是学生参与面不广，回答问题的学生永远是那几个人。课堂中，有一部分学生只是学习的观众，他们会随着教师的提问回答，这种回答无思考或者答案已显然。

因为课的流畅、完美，所以我们可能更关注如何思考、如何回答更准确、正确。但是，流畅的思考一定会造成部分学生真正的困局，他们可能并不会，也没有时间进行自我思考，因为听的都是对的，记的都是对的，想的反而是错的……自然而然，他们就不会真正参与到深度思考之中了。他们对问题的思考可能并不如对"优秀"学生的答案更关注，像一个观众一样盲目鼓掌，仿照解答。其实有时候有些学生真的不知道为什么要这样解答，他们也没有时间真正去消化、去思考，熟记、赞同可能是唯一的方式，以观众式学习参与进来，可能会做几道题，会回答几个问题，但是这样的思考不够，有效性更不够。

在研究中唤醒思考

在没有学习教育科学研究这门课程之前，总觉得这是一门不起眼的课，但是通过一段时间的学习，我彻底改变了对这门课程最初的看法。尤其是南洋理工大学教育学院程元善教授对此进行了形象生动的讲解，深入浅出，理论联系实际，用大量的实例向我们介绍了教育科学研究的基本方法，让我们从事课堂教学的一线教师有了一种久违的学术感和亲切感。

这门课带给我的启示主要有以下两点。

1. 做研究

我们要做的就是科学研究，这往往需要将不同的获得知识的方法相组合，这些方法是建立在系统地、有控制地进行观察的基础上的。我们要做的科学研究主要有描述性研究、相关性研究和因果性研究。不同的具体定量研究方法可以被归类于不同的研究类型，每一种研究方法都有自己的优缺点，但它们都适用于某些类的研究课题。研究的五个步骤是循序渐进的：首先确定研究的课题和相应的研究假说；接着设计研究或制订研究计划；然后实施研究（收集数据）；随后分析数据；最后解释研究结果并得出结论。在明确了研究的过程后，厘清了描述性研究、相关性研究、因果性研究的差别以及如何判断的方法，做到了心中有方向。

2. 唤醒思考

平时的教育教学会唤起一些感触和想法，但那就是一瞬间的念头。而在课上，程教授的旁征博引让我不得不思考、联系。这让我找回了曾经溜走的一些想法，当我发现有这种契合时，觉得很振奋，原来曾经我也这么有想法！从心理学上说，这无形中正向刺激了我去积极思考。当然，更多的时候，这门课程带领我去思考很多从未考虑过的问题，拓宽了我的视野，特别是在如何更好地理解专业文献，如何对他人的研究进行评价等方面，为我解决了不少的疑惑，让我对日常生活中发生的事情也有了更好的理解。

很意外，在学习中我并没有感觉到枯燥。有些和自己研究有关的理论，如调查问卷的设计，共鸣性更多；有些自己没有或者很少接触的领域，如测量的信度和效度，学习起来比较吃力，需要反复揣摩和理解；有些地方感觉学得快，遗忘得也快，理解力和消化吸收能力有待提高。

以前自己一些狭隘的想法，在学习了这门课程后有了全新的改变。我想我们在学习过程中学习方法是非常重要的，有了方法就有了"渔"，而不仅仅是满足自己一时之需的"鱼"。

非常感谢程教授继续给我们一些好的案例资源，我非常喜欢，这些典型案例让我们在学习中能够快速体会和运用所学的知识，效果事半功倍。建议在每个教学板块后增加一些小组成员的互动，共同探讨，交流分享，帮助大家更好地理解学习内容。

谈谈数学"说课"那些事

一、说课的含义

说课是教师依据课程标准与教学理念和学生的学习水平与发展潜能，面对同行、专家或领导，对某一课题的学习目标、学习的重点和难点、教与学的策略、教学流程等口头表述自己的创造性教学设计及其理论依据的一种教学研究活动形式。

简单地讲，说课就是口头阐述"课堂教学的内容是什么（What）、怎样设计（How）和为什么如此设计（Why）"，让听者不仅知其然，还知其所以然。说课集"说、上、评、写、辩"于一体，省时间，不拘地点和形式，可以从理论上尽情地阐释，这正是说课的优势。

二、说课与教案、备课、上课、模拟课的区别

（一）说课稿与教案的区别（见表4-1）

表4-1　说课稿与教案的区别

教案	是课堂教学的设计，是教学内容、过程、步骤、方法的具体安排，是课堂教学的依据
说课稿	是说课的依据，是阐述教学思想、教学设计意图、教法、学法及其理论依据的总结报告

（二）说课与备课的区别（见表4-2）

表4-2 说课与备课的区别

差异	说课	备课
内涵	说课属于教研活动	备课属于教学活动
对象	向别人说明自己为什么要这样备课	备课是面对学生去上课
目的	说课是帮助教师认识备课规律，提高备课能力	备课是帮助教师搞好教学设计，优化教学过程，提高课堂效率
活动形式	说课是集体进行的动态的教学备课活动	备课是教师个体进行的静态的教学活动
基本要求	教师要说出设计依据是什么	备课在于实用，只需要写出做什么、怎么做就行

（三）说课与上课的区别（见表4-3）

表4-3 说课与上课的区别

差异	说课	上课
目的	提高教师知识水平与教学能力	全面提高学生整体素质
形式	执教者以教师为对象，是面对教师的一项单边活动	以学生为对象，是面对学生的一种双边活动
内容	运用教材及相关教育科学理论	运用教材
要求	教什么，怎样教，为什么这样教	解决教什么、怎样教的问题
对象	同行教师或专家评委	学生
评价	以教师整体素质为评价标准	以学生的学习效果为评价标准

（四）说课与模拟课的区别（见表4-4）

表4-4 说课与模拟课的区别

差异	说课	模拟课
形式	要求说清如何设计和将如何上课	呈现形式略微复杂，既要完成教学工作，又要表达出如何组织教学活动
内容	说课的内容多数情况下是围绕教学设计的内容与顺序而说，设计的合理性以及创新程度都可以通过语言表达出来	模拟课是模拟真实的课堂，实际上是在上课，其内容与常规课要呈现的内容十分相似

三、说课的类型

（1）按说课表述的时间分，可以分为课前说课和课后说课。（课前说课是一种预测性的说课，课后说课是一种反思性的说课）

（2）按教学研究的角度分，分为专题研究型说课、示范型说课和评比型说课。

四、说课的原则

（1）科学性原则——说课质量的前提。

（2）理论联系实际原则——说课活动的灵魂。

（3）实效性原则——说课效果的核心。

（4）创新性原则——说课活力的生命线。

五、说课的内容

（1）说教材——说教材目的、联系、目标、重点、难点和学具教具。

（2）说教法——说本课选择何种教学方法、教学手段及教育理论依据。

（3）说学法——说本课拟教给学生什么学习方法，培养学生哪些能力。

（4）说教学程序——说本课的教学思路、课堂结构及板书设计等。

六、说课的模式

"三说"模式：说教材、说教学程序设计、说板书。

"四说"模式：说教材、说教法、说学法、说教学程序。

"五说"模式：说教材、说教法、说学法、说教学程序、说板书或练习设计。

"六说"模式：说教材、说教法、说学法、说教学程序、说板书或练习设计、说设计的指导思想。

"七说"模式：说教材（教材分析）、说学情（学情分析）、说目标（教学目标）、说重难点（重点难点）、说方法（教学方法）、说设计（教学设计）、说板书（板书设计）。

说课的方法有多种，但万变不离其宗，都是要说清教材、目标、重点难点、过程、教法学法、理论依据以及板书练习。

【具体做法】

1. 开头——靓

（1）开门见山式

各位评委老师下午好，我是××号考生，我今天说课的题目是××××（板书：课题），下面我将从说教材、说教法和学法、说教学过程、说板书设计四个方面来对本课进行说明。

（2）引人入胜式

各位评委、老师：大家下午好！让学生愉快、充满自信地走进课堂、享受快乐和成功，是我最大的愿望。为实现自己的梦想，我不懈地努力着。今天，希望各位老师能对我的说课提出宝贵的建议，使我更快成长。我说课的课题是"××××"，我将从教材分析、学情分析、教学策略、教学程序、教学评价五大板块做具体的阐述。

2. 教材内容、学情——明

（1）明确教材内容

说课的第一部分，一般是教材解读，教材解读要凸显深度，指向重点，也就是要对本课知识的前后联系、地位价值等进行阐述。有教师觉得这事很容易，因为教参上都明白地写着，只要引用即可。但若大家都袭用教参上的解读，人云亦云，不仅毫无新意，而且显现不出与别人的差异，体现不出教师的思维水平。

说教材一般说三句话：①教材版本；②基本内容；③主要特色。

如何创新说教材？要基于教材和教参，基于自己的理论积淀，更深刻、更独到地解读出教学内容的内涵与价值。可从更长远的视角，如从低段内容看到高段、看到初中，甚至看到高中，来说明某个知识发展的历程和学习要求的递进变化等；也可从某个数学知识的背景或本质展开深入阐述，指出学习这个知识的重要意义或强调学习这个知识时最值得重视之处；还可以聚焦数学教学的核心追求——思想方法、思维能力，揭示这个数学知识最重要的育人价值与目标追求等。

例如，"轴对称图形"是人教版《数学》二年级下册第三单元"图形的运动（一）"中的内容，属于图形与几何领域。我们知道，平面上的初等几何变换，与小学数学有关的主要是全等变换和相似变换，具体涉及轴对称、平移和旋转。（以上边讲边贴，作为解读型的板书，如图4-1所示）

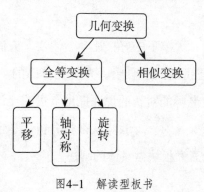

图4-1 解读型板书

理解掌握这三种基本的几何变换方式，学生就能够更好地感知身边的现实世界，就能够更理性地审视后续将要遇到的几何知识，就能够发展、提升自己的空间知觉和空间想象能力。可见，本单元中的这三个内容是学生后续几何学习的基础，也是学生空间思维发展的新起点，具有非常重要的价值。

这样说教材，一开始就清晰地展示了知识的结构，并阐明了学习这个知识的三个价值：感知身边世界，服务后续学习，提升思维能力。这样的教材解读既有深度，又有层次，且落点明确。

（2）明确学情

学情分析是教学预设的一个重点内容，不是可有可无的东西。学情剖析要有理有据，突出难点。所谓学情，就是学生的认知状况和学习心理。也许有教师会问：说课不比上课，根本没有学生参与，学情剖析还重要吗？很重要！对学情的把握与利用是备出一节好课、实现有效教学的重要前提。说课就是在模拟上课，虽然没有学生参与，但设计与实施的理念应与真实上课相一致。

例如说"轴对称图形"一课的学情分析。

通用版：二年级学生认知水平还处于初级阶段，有意注意时间较短，以形象思维为主。经过了一年的数学学习，学生有了一定的知识储备，思维能力和知识的运用能力有了很大的提高，对数学产生了比较浓厚的兴趣，思维比较活跃，愿意学习新的知识，学习积极性也很容易调动。

创新版：为了更有效地实施教学，我对学生进行了课前调查。问题是：这8个图形，哪些是对称图形？请打钩。

汇总结果出人意料：对于爱心、鱼、小人、五角星这四个图形，90%以上的学生能正确判断；对于刀、杯子，几乎所有学生都认为它们不是对称图形；对于双向箭头，判断的正确率大约是70%；而对于这朵紫荆花，有79%的学生认为它是对称图形。前测数据意味着什么？我认为，二年级

的孩子对于轴对称图形已经有了一定的感性经验，对"标准图形"的判断正确率非常高，但有部分孩子对"非标准图形"，如这个箭头图中对称轴是斜的情况，还不能正确地观察或感知。另外，他们对于旋转的图形在辨认上还存在模糊认识，会误以为是对称的。

怎样才能准确把握学情呢？可结合教育教学理论（如同化、顺应等），站在学生的角度，分析学生面临新知识时可能产生的理解上的困难，如通用版的学情。也可采用更科学的方法，如前测、访谈等，了解学生的经验水平和心理世界。创新版中的前测就让我们准确把握住了学情——对于"标准"的轴对称图形，学生基本都能直观判断；对于"非标准"的轴对称图形，还有约30%的学生需关注；少数学生对旋转和轴对称的认识存在混淆情况。

可见，在说学情时，用理论支撑，用事实说话，把学生的困惑点和疑难处真实地呈现出来，既能显现出教者教学研究的态度与方法，又会让听者认可、信服教学难点的确立与应对。

3. 说目标——清

教学目标是教学活动的目的指向。就总目标而言，应体现出"知识与技能、过程与方法、情感态度与价值观"三维目标的内容。就具体学科而言，可以是三维，也可以是四维、五维等。

比如，数学学科可以从"知识技能、数学思考、问题解决、情感态度"四维角度来说目标。小学科学课程以培养学生科学素养为宗旨，包括"科学知识，科学探究，科学态度，科学、技术、社会与环境"四维目标。

教学目标定位要层次清晰，用词准确。在表述目标时，有时对目标动词的使用常常不够严谨，如混用"了解、理解、掌握、运用"；对目标动词的修饰比较随意，如"理解"前随意加"初步、深刻、真正"等词。不同的词语有着不同的含义，反映对教学目标达成度的不同要求，需根据教

学设计的真实意图细细斟酌，准确使用。

例如说"轴对称图形"的教学目标。

考虑到学情，我确定了如下教学目标。

（1）知识与技能：初步认识轴对称图形的特征，知道对称轴的含义，能初步判断一个图形是否是轴对称图形。

（2）数学思考：借助观察、操作、想象等活动，发展空间观念，提升动手能力。

（3）问题解决：结合图形掌握轴对称的特征，在头脑中建立表象。

（4）情感态度：感受数学与生活的联系，感受对称图形的形式美。

其中，"数学思考"目标中，借助"观察、操作、想象"，培养学生的空间知觉，发展学生初步的空间想象能力，是这节课的一条主要线索，我也将努力把它打造成这节课的一个亮点。

最后一段话既是对目标的进一步阐述，也在表达另一层意思——要有创新设想，明确表达。说课也要积极寻找创新点，如目标定位的创新、学习任务设计的创新、教学路径的创新、练习设计的创新等，可以选取一个点，做成一个小板块，大胆地、鲜明地表达出来。

4. 说重难点——准

教学中的重点，是针对教材而言的。它是指教学中最重要、最基本、最核心的知识和技能，是普遍性的问题，具有相对的稳定性。可依据教材的知识结构，从知识点中梳理出重点。知识点可以有多个，但重点一般只有两个。

教学的难点，是针对学生而言的。它是指学生难理解、难掌握、容易错，教师较难进行教学处理的内容。教师应根据学生的认知水平，从重点中确定难点。

在说课过程中，重点是怎样突破的，难点是怎样分解的，都应有具体的体现。

例如说《轴对称图形》的重难点。

基于对教学目标的分析，我认为这节课学生会遇到的困难之处，就是对非标准图形、旋转图形的判别。这也提醒我，教学要抓住、放大这些认知冲突，引导学生切实突破难点，真正实现认识上的转变和提升。

5. 说教法、学法——活

说教学方法包含教法、学法、手段三个方面。

（1）怎样说教法

说教法，要求说出选用什么样的教学方法和采取什么样的教学手段以及采用这些方法和手段的理论依据。主要教法有问题教学法、自主探究法、情境创设法、启发式教学法、直观教学法、游戏教学法、生活教学法、合作教学法等。

例如说"轴对称图形"的教法。

"图形与几何"的教学，应力求遵循学生心理发展和学习规律，着眼于直观感知与操作体验，多从学生熟悉的实际生活出发，让学生动手操作、切身体验、探究发现，促进学生认识轴对称图形的特征和含义。因此，我采用如下教学方法：在教学导入环节，主要采用情境创设法；在新授环节，主要采用启发式教学法、自主探究法、合作探究法，并恰当运用多媒体进行直观形象的辅助教学，遵循从生活到数学、从具体到抽象的教学原则，引导学生进行探究性学习活动，会初步判断一个图形是否是轴对称图形。

（2）怎样说学法

说学法，要求说出本课教给学生怎样的学习方法、培养哪些学习能力。主要学法有合作学习法、探究学习法、自主学习法、画图展示法、动手实践法、体验感悟法等。

例如说"轴对称图形"的学法。

课标指出，动手实践、独立思考、自主探索、合作交流都是学习数学的重要方式。学生只有通过自己的实践体验，才能真正对所学内容有所感悟，进而内化为己有，并在实践中学会学习。因此，本节课，学生通过观察法、比较法、操作法、合作学习法等学习方法，在交流中理解轴对称图形的特征，知道对称轴的含义，能初步判断一个图形是否是轴对称图形，使学习活动成为一个生动活泼和富有个性的过程。

（3）怎样说教学手段

教学手段包括教具、学具、多媒体教学网络、课件、实物投影、视频、录音、挂图、卡片以及小黑板等，这都是教学的辅助手段，运用得当，将起到直观演示、创设情境、调节课堂气氛、化抽象为形象等独特作用。

6. 说过程——实

说过程是说课的重点，也是难点，要花大力气说好这一环节。就说课的时间分配而言，说过程要花6～10分钟时间，具体地说，要注意以下几个要点。

（1）提纲挈领说框架——说过程时要注意先提纲挈领地介绍整个过程的几个主要步骤（或说成几个板块、几个层次、几大部分），然后再具体说各个环节。

（2）精雕细琢说名称——设计板块名称时，要字斟句酌，具体而言，设计各版块标题最好要做到四点：一是字数相等，二是结构相近，三是层次清晰，四是用词前卫。

例如，《一个数除以小数》中：

复习旧知，启发转化。

创设情境，激发兴趣。

合作探究，建立模型。

深化运用，巩固新知。

回顾总结，质疑问难。

《小数的意义》中：

复习引入，激活基础知识。

实践探索，揭示小数意义。

比较概括，抽象概念本质。

巩固练习，深化意义理解。

回顾总结，促进自我认识。

（3）详略得当说过程——教学过程相对来说信息量大，在短短的几分钟内，要表达清楚是不容易的，因此，说过程时，一定要注意详略得当。基本环节简略说，要做到惜墨如金；重点环节（教学重点、教学亮点、教学特色）等要具体说，要做到不惜工本，大力宣讲，以给听者留下深刻的印象。

（4）选准切口说理论——说设计意图，说理论依据，是说课的重中之重，是说课区别于上课的重要部分。因此，说理论要精心设计，找准切口。说理论依据不是多多益善，而是择其精要，点到为止，一般来说，只要选五六个关键处简要说说即可。

例如说"轴对称图形"的教学过程。

我以"在活动中学习"和"在实践中探究"为主要教学策略，把整个教学过程分为五个环节。

环节一：初步感知，发现特征。

我问：小朋友们，听说过对称图形吗？（板书贴出标题"对称图形"）谁能来介绍一下？

接着，我出示6幅图：爱心、鱼、五角星、刀、小人和杯子（前测题中的6幅），请学生找一找对称图形。这6个图形的辨认并不难，我快速让学生逐个辨认，及时肯定，并把不是对称的"刀"和"杯子"图拿走。接着追问：你们凭什么说这些图形是对称的呢？我看不出，有什么办法证明吗？然后请学生拿出准备好的爱心纸片，想办法证明。

学生上台介绍对折的方法，我在展台上放大展示，让全班学生清楚地看到两边完全重合。然后我以"沿着哪里折的，我看不清"为理由，和学生一起把这条折痕画出来，并告诉学生：如果沿着一条线对折之后，一个图形的两边完全重合，这条线就叫作对称轴，这样的图形叫作轴对称图形。

然后，我给学生布置任务：你们刚才说还有三个图形也是对称的？你们能不能用我们刚才的方法也来折一折？如果是，请画出它们的对称轴。

学生动手操作，发现这些图形对折之后两边也能完全重合，因此它们都是轴对称图形，学生也都正确地画出了对称轴。（以上边说边借助黑板说明，形成图4-2）

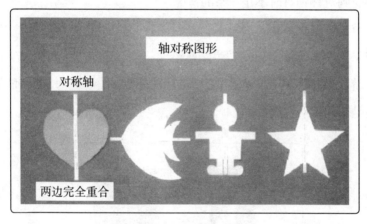

图4-2　轴对称图形

上述环节之所以这样处理，就是基于前测。因为学生对于标准的轴对称图形，判断上已经没有问题，所以此处的着力点应该是借助学生的已知直击知识的本质——引导学生通过折、比、画等观察与操作活动，发现轴对称图形的特征，知道对称轴的含义，明白"轴对称图形"这个名词的来历。

环节二：再次感知，清晰表象。

在新授之后，我贴出印有阿拉伯数字0~9的练习纸，提问：小朋友们，这里有0～9十个数字，每个数字都可以看成一个图形，那么，哪几个数学是轴对称图形呢？

学生借助练习纸，观察、确认并画出对称轴。然后组织反馈，在争论辨析中清楚地认识到0和8这两个数字是轴对称图形，而且0有横、竖两条对称轴，因为8上小下大，所以只有一条竖的对称轴；3上小下大，所以不是轴对称图形。

这是教材的习题，内容很简单。之所以要用它，是因为和例题相比，它是不能动手折的。这就促使学生凭借观察，对轴对称图形形成进一步的感知，建立了清晰的表象。同时，这组材料能够让学生巩固找对称轴的方法，感受到对称轴有时不止一条的情况。

环节三：变化形式，抽象本质。

我采用变式练习，引发学生暴露错误认知，通过思维碰撞，实现深刻理解。首先贴出紫荆花、双向箭头两个图形（见图4-3），再次请学生判断它们是否是轴对称图形。

图4-3　紫荆花、双向箭头

当有不同声音时，我安排小组讨论，让学生相互说道理（不让学生折，引导他们看图、观察、想象），然后反馈。反馈过程中，我贴出线，引导学生观察想象并试折，让全班学生看得明明白白。

接下来，追问：同学们，大家对双向箭头图形有争议，你有没有发现，它跟前面的轴对称图形有什么不一样？学生观察之后说，之前的对称轴都是横的或竖的，但这里的对称轴是斜的，不容易发现。

我顺势问：到底怎样的图形才是轴对称图形呢？

请多位学生回答，引导学生明白：一个图形只要沿着一条线对折，两边能完全重合，它就是轴对称图形。至于如何摆放，并不重要。

教学至此，学生已经通过不断感知，较为清晰地认识了轴对称图形的本质，已经能够用自己的语言表述这个概念了。以上，不断感知，建立表象，逐步抽象，最后慢慢形成概念，这正是在概念教学基本理念指导下的教学过程。

环节四：剪纸游戏，强化想象。

在课的最后环节，我想让学生感受到数学知识的价值，并进一步提升学生的空间想象能力。于是，我改编了教材例题的使用方式，以如下形式追求目标的达成。

我先把纸对折，在折痕处分别剪去三角形、长方形、正方形、半圆形（见图4-4）。提问：留下来的部分，打开以后会得到怎样的图形呢？

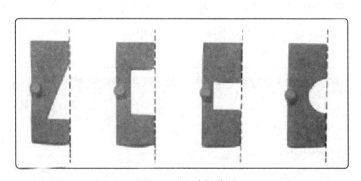

图4-4 纸对折剪纸

让学生想象、讨论，然后展示反馈，学生比划后依次得出三角形（等腰）、正方形、长方形、圆的结论。学生清楚地看到，原来这些图形都是轴对称图形。这是一个训练空间想象力的环节，也是巧妙地让学生直观认识长方形、正方形、等腰三角形和圆这些几何图形是轴对称图形的环节。这个环节把课堂推向了思维的高潮。

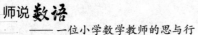

环节五：畅谈收获，全课总结。

总结全课时，先让学生交流一下本节课的收获与感受，主要从知识和方法上谈一谈；接着出示对称的汉字；最后布置作业：让学生课下继续收集轴对称图形，指给爸爸妈妈看。这样既回顾了所学的知识，又培养了学生勇于发现美和寻找美的能力。

教学过程的介绍不要事无巨细，面面俱到，要详略得当，形式灵活，淡化（甚至舍弃）次要环节，放大主要环节（如重难点之处、创新之处）。要适当呼应前面讲过的观点，让听者感受到课的内涵及整体性，切忌理论归理论、实践归实践。说课时不能一味地旁白式讲解，或全部模拟正式上课的师生对答，而要解说、模拟、演示等多种形式灵活使用。

要特别指出，说教学过程时，要避免在台上空洞、抽象地讲述，应多借助直观手段，如图片、贴纸、学具、板书等，引发听者注意，促使听者更好地理解、接受说者的观点。黑板上各类材料的呈现，要注意顺序、时机、变化以及美观。图4-5为本课结束时的黑板画面。

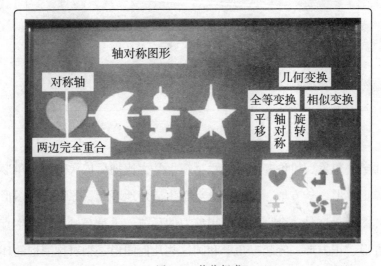

图4-5 整体板书

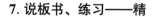

7. 说板书、练习——精

板书呈现的方式有多种，但现在大都使用边说课边板书的方式。这种出示方式与说课过程同步，与课堂教学同步，能使听者一步一步清楚地了解说课者说课的思路与课堂教学的实施情况，加深对说课者教学设计的匠心和设计依据的理解与印象，明白你是怎样围绕教学目标，突破重、难点去实现预期的教学期望的。边说边板书还可以调节说课的严肃气氛，拉近说课与课堂教学的距离。

总之，对说课中的板书的总的要求是简练、重点突出、结构严谨、生动直观又新颖大方。

说练习和作业设计要有层次性和趣味性。主要说清练习意图，这些练习是否有阶梯性，是否具有广度、深度，是否有趣味性，能否促进学生综合性学习等。作业的设计应以学生喜闻乐见的动手性强的综合实践类的作业为主，如手抄报、实验报告、问卷调查、动手制作等。

8. 说结尾——妙

结尾不是可有可无的，它起到了画龙点睛的作用，能为说课加分，如说"轴对称图形"的结尾。

总之，这节课是以学生探究活动为主，教师引导为辅。学生通过合作学习感受到知识来源于生活，并应用于生活，理解了轴对称图形的内涵，真正成为学习的主人，在活动中收获了快乐。

七、说课策略

1. 有思想

思想的来源：教育学、心理学，课程标准、核心素养。

2. 有重点

要求：对照目标，重点突出，层次分明，过渡自然，整体流畅。

3. 有情感

说课的价值目标是打动人心，要尽量做到"以知生情"，把灰色的理论说得有料有趣，把严肃的知识讲得风生水起，要发自内心地、尽可能开心地叙说。同时在说课中要设法表现出爱心和以人为本的人文情怀。

4. 有特点

说课时如果能抓住一两个出彩的地方，或表现你的特长，或合理运用语言的幽默，或有意识地展露你的书法造诣，或表演一个小小才艺，或展示你绘画才能，都可以让你脱颖而出。

5. 把握细节

（1）举止优雅。入场时微笑面对评委，最后自然大方地说谢谢，微笑着与评委告别等。微笑是你最好的名片。

（2）穿戴得体。打扮有风格，衣着有品位，宜选择庄重、素雅、大方、明快的着装，男生可以穿西装，女生可以穿裙装、化淡妆，以显示出稳重、文雅的职业特性。

（3）表情自然。走进说课室时，要自然爽朗，落落大方，不卑不亢，在大气中折射出真实。站立时身体要挺直，不摇摆，说话时手势要自然，不夸张。说课时要选择正确的角度，和每一位评委都要有一定的眼神交流。

（4）创造高潮。好的高潮出于自然，而不是生硬创造。一般在两个方面可以引出高潮：课题的理解和授课的创意。比如在教学设计的新颖性、重难点突破及教法选择与具体教育理论相结合的可操作性等方面加以发挥。

（5）肢体到位。适当的肢体动作不仅可以缓解紧张的心理，还能释放表达的热情，使说课声情并茂、动静相宜。手势的收放（切菜式、旋转式、左右式、板砖式、数数式、台阶式等）、双肩的起落、头颈的摆动没有固定的模式，原则上要舒缓柔畅、自然圆润，尽可能地与说课内容浑然一体。

（6）语言精准。"精"，是语言精简，干净利落，无拖泥带水现象；"准"，是语义准确，表达到位，无错误表达现象。最后收尾时语言也不是可有可无，最好停顿三秒，然后说："以上是我说课的全部内容，谢谢大家，老师们辛苦了！"

结束语：教无定法，说也无定法。只有在实践中积累更多的说课经验，才能更有效地开展教学研究工作。让我们精心锤炼说课，提升自身专业素养！

学生眼中的好教师

学生眼中的好教师长什么样？评价各有标准，但归根结底不外乎教师的人格魅力和其对学生的"情感投资"。

一、教师的人格魅力能量是巨大的，对学生有强烈的感召力和凝聚力

正如乌申斯基所说："教师人格对学生的影响是任何教科书，任何道德箴言，任何惩罚和奖励制度都不能代替的一种教育力量。"教师的一言一行无时无刻不影响学生的成才。教师的人格魅力不仅仅来自得体的着装、脱俗的谈吐、娴雅的举止、美好的姿态，更来自教师自身高尚的情操、渊博的学识及灵动的智慧。

1. 身正为范

师者，人之模范，其本身就是一本活教程，大到理想、信念，小到言行举止，都渗透在整个教育过程中。

青少年学生正处于世界观、人生观的形成时期，模仿性、可塑性都很强，易受成人和外界环境的影响，而且具有天然的向师性。因此，教师的严于律己能为学生做出示范，并对其产生有力的人格激励作用。著名教育

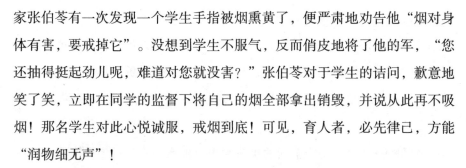

家张伯苓有一次发现一个学生手指被烟熏黄了，便严肃地劝告他"烟对身体有害，要戒掉它"。没想到学生不服气，反而俏皮地将了他的军，"您还抽得挺起劲儿呢，难道对您就没害？"张伯苓对于学生的诘问，歉意地笑了笑，立即在同学的监督下将自己的烟全部拿出销毁，并说从此再不吸烟！那名学生对此心悦诚服，戒烟到底！可见，育人者，必先律己，方能"润物细无声"！

2. 学高为师

在知识爆炸、信息猛增的今天，"一本书主义"越来越不受学生的欢迎，"吃老本"根本行不通，教师应紧跟时代步伐，成为面向21世纪的新型教师。恰如教育家陶行知所言，"唯有学而不厌的先生，才能教出学而不厌的学生"。教书者，必先强己，专博相济、一专多能方能做出示范并激励学生！

3. 灵动的智慧，不仅能渲染教师的人格魅力，更能决定学生对教师的态度

一个新教师与学生第一次见面的开场白很睿智：同学们，我刚毕业，很多学习内容不熟悉，讲解难度可能把握不好，希望大家和我一起讨论、研究。几句淳朴的话，学生会怎样想？我调查过，95%以上的同学没有因此藐视教师，反而感觉受宠若惊，认为该教师特真实，更值得喜欢！伟大的哲学家苏格拉底说"智能在于承认自己无知"，学识渊博固然能吸引学生喜爱，但适时适度地承认自己的无知，不仅不会降低威信，反而会拉近师生距离，激发学生学习动力。

二、时下有"情感投资"一说，即只要你投入情感，就会获得相应的回报

教学中，教师对学生加强"情感投资"，做到人格平等，必能和谐师生关系，获取巨大回报——学生的喜爱、尊重。只要学生喜爱、尊重，

那教师的教育、管理也就成功大半儿了！恰如社会上流行的一句话："只要感情到位，你错了别人也认为是对的，若感情不到位，你对了也有可能被认定为错了。"体现到教育上，当学生获得情感投资，体验到人格平等时，自然也会对教师有所反馈！教师表扬，认为那是鼓励；教师批评，则当成爱护。

教师面对的是一个个鲜活的生命和尚显稚嫩的心灵，怎样做好情感投资，获得学生喜爱呢？

1. 端正心态

时下，常听到抱怨："现在的孩子越来越难教，根本不上进！教的时间越久，越觉得和学生没有感情！"为什么会这样，归根结底不正是我们少了一份耐心，少了一份关爱与尊重？初上讲台时，我们刚从学生转换成教师，心中对学生更多的是以诚相见，尊重关爱。而随着时间的推移，经验作祟，我们动辄指手画脚，横加干预，反而让学生失去积极性，甚至产生逆反心理，此时教师再表扬，学生会认为那是哄人；教师批评，更会被学生当成故意找碴儿整人。所以，我们自己首先要端正心态，用良好的态度、情感去投资。

2. 小处着手

教育无小事，"情感投资"要从身边点滴做起。教师一个鼓励的眼神、一句激励的话语、一次亲切的微笑、一次善意的提醒、一次轻微的爱抚，甚至一两句随口的询问，都有可能给学生留下愉快的记忆，获得情感的满足。这种投资不费心、不费时、不费事，但它却能让学生感受到人格的平等，更能博得学生的愉悦、喜爱！学生都会犯错，要宽容学生一时没有取得进步、宽容学生的任性和调皮……曾遇过这样一个学生，几乎天天犯错，我也毫不客气地训过他几次，突然有一次我心平气和地原谅了他，他反而受宠若惊，主动向我保证不再犯错，虽然后来也曾再犯，但明显次数减少，且每次在我知道前都会主动认错，这就是最大的进步！

3. 走近生活

众所周知，走近学生，甚至走近生活，必能收到最佳教育效果。试想一下，刺骨寒风的长跑训练中，你和学生一起；似火骄阳的队列比赛中，你和学生一起；汗流浃背的艰苦劳动中，你和学生一起；细雨沥沥的扫墓仪式上，你和学生一起……一起经历、一起坚持，学生回馈你的将是什么？是喜爱，是尊重！但若是你穿上厚厚的衣服在一旁指手画脚，你撑开雨伞遮阳避雨……那么再冠冕堂皇的理由，再掷地有声的说教也会显得苍白无力。

4. 学会幽默

不少学生现在特别喜欢听我讲事情，讲我的亲身经历，讲故事，讲国家大事，讲笑话，还有时就事论事……在讲这些事情的过程中，教给他们做人的道理，使他们在潜移默化中受到教育，慢慢提高自己各方面的素质。我还喜欢时不时开学生的玩笑，所以现在学生与我交流总是笑声不断，我为他们创造了一个有张有弛的学习环境，在与学生相处的过程中，他们总说佩服我，喜欢我。

总之，做学生眼中的好教师，其实很简单！

如何做小课题研究

肖川先生说过："你真正的生命是你的思想，你的思想就是你的处境。"做一个有思想的教师，不代表一定要成为教育专家，成为学者。只是要求教师在教学中具有自己的见解、自己的看法、自己的教学思路即可（具有批判性思维），能密切联系学生的生活，根据学生自身的特点，教出自己的风格（具有个性化的教学风格）。

在小课题研究中，我们需要深度思考，要考虑问题抓关键，要透过现象看本质，要总结经验找规律。

一、什么是小课题研究

小课题研究就是作为教育活动"当事人""实践者"的教师，自觉针对教育教学实践中的某些问题、话题，进行持久关注，不断反思追问，积极改进实践的研究性教育行为。

通俗地说，小课题就是以教师在自己的教育、教学实践中遇到的问题为课题，运用教育科研方法，由教师个人或几个人合作，在不长的时间内共同研究，取得结果，其研究结果直接被应用于参与研究教师的教育、教学实践工作中去，并取得实效的教育科学研究。

案例：与抄袭作业过招

任教五年级数学的王老师意外发现本班部分学生有长期抄袭作业的行为。她控制住了自己的恼怒，先是不动声色地与个别学生接触，了解具体情况。然后，她决定与"抄袭作业过招"。

王老师首先开设了作业评讲课。评讲课上她先表扬了所有作业全对的学生。然后让这些学生当小老师，为大家做示范讲题，几个抄作业的学生自然就露馅了。虽然王老师没有揭示真相，但是给了"抄手"们一个下马威。

接着，王老师又组织学生们自编自导班会"诚信为金"，大家通过讲故事、演话剧、夸典型、表决心等形式进一步增强了"诚实守信"的意识和信念。

更为重要的是，王老师对自己的教学活动做出了有针对性的改进。首先，她在班上建立了学习互助小组，引导学生们积极、正确地对待学困生并给予其学习援助；其次，她在平时的新授课上，特别留心学困生的表现，有针对性地调整教学节奏；最后，她在作业批阅中增加了当堂批改的分量，更加关注对学生的个别指导……学困生渐渐感受到了老师和同学的诚挚关心，外在压力转化为内在动力，学习成绩有了提高……

以上案例就是小课题研究。

由上面案例可以看出小课题的以下几个特征。

1.属己

小课题研究不是为了构建理论，也不是为了发现规律，而是教师自身的一种需要，是教师应对"专业困境"所表现出来的积极姿态，因而具有鲜明的"属己"特性。

2.真实

小课题源于真实的教育、教学问题，如"怎样用表演提高作文评讲课实效性""如何解决学生抄作业的现象"，等等。也许这些问题有些小

家子气，但它们恰恰是一线教师在日常的教育教学活动中遇到的迫切需要解决的难题，是常常困扰着教师、影响着教师顺利组织教学活动的现实问题。因此，它是真问题。比如，数学"三真"：数学教学中的真实情境、真实世界、真实问题。举例来说，1米的铁丝围了一个三角形，一边是1/4米，一边是3/8米，第三边是多少米？这个题有什么问题？情境不真实！

3. 微观

小课题着眼于"小"，它的切入点和开口都很小，关注的是教育教学活动中问题的"某点"以及某个细节，并由此层层深入，不断探究，寻求解决问题的最佳途径，从而达到研究的目的，揭示问题的本质和内涵。由于切口小，所以能跟具体的教育教学融为一体，更加适合一线教师。比如乘法分配律在整数小数中的应用、四年级语文口语交际训练策略、三年级语文小练笔等。

4. 即时

一方面，小课题生成于教师的教育实践之中，根植于教师的课堂教学之中。另一方面，小课题在研究周期上很灵活，几周、几个月、半年、一年，时间周期不等，方式上根据实际需要随机应变，用一句时髦的话说，就是"我的事情，我做主"。

5. 渐进

小课题研究是教师实践智慧不断丰富的渐进过程，其成效（教师自身的专业成长——隐性的成果）大多难以在短时间内显现，需要教师拥有一种平静的心态、一种务实的品质、一种坚持的毅力。只有如此，才能将真问题做成真研究，由小问题闯出大天地。

二、小课题研究的选题

教师要有问题意识，这是进行研究的前提。教师可以从自己感到不很满意或需要改进的地方去选题，长期积累，挖掘出值得研究的问题来建立

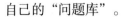

自己的"问题库"。

面对诸多的实际问题，教师究竟该选哪一个问题作为小课题进行研究呢？这要从值得研究的问题的价值和紧迫性方面考虑。我们可以通过以下途径去选题。

1. 从"遗憾"中选题

可采用问题分析法确定课题。

操作步骤：

（1）问题的主要表现与原因在哪些方面？

（2）解决问题的可能办法是什么？

例如，某数学教师对学生的学习能力不满意，想从如何提高学生学习能力方面展开研究。

主要表现：不会自学，不能独立完成作业等。

主要原因：自学能力不强。

可能办法：预习（能力、方法）、数学语言能力培养、开展课外阅读等。

选择课题：小学生数学预习能力培养研究

小学生数学预习方法指导研究

小学生数学语言能力培养研究

例如，后进生转化问题——辅导中发现收效不大，甚至出现越辅越差的问题。在辅导中观察学生的情绪态度，发现学生极不情愿。不光一科差，可能几科都差，本来就贪玩，现在几科教师轮番轰炸，他们当然吃不消，有抵触情绪。于是提出转思想、转情感、转方法、转基础等想法，在教学中实验果然有效，最后总结成论文。

2. 从热点难点中选题

热点是大家都在关注的问题，难点是大家都没有解决的问题。这是选题的重要来源。

可采用问题分析法或问题分解法来确定课题。其中，问题分解法，就是对问题进行分解，寻找到可以研究的问题，如"双减"政策下作业的设计、小学高年级学生建立立体图形表象的策略研究。

3. 从"得意"中选题

从自己做得最好的地方寻求新的生长点，确定课题进行研究。

可采用经验聚焦法确定课题。

操作步骤：

（1）寻找成功之处；

（2）成功经验聚焦。

例如，一位教师在班级管理方面有成功之处，学生很自觉，教师在与不在一个样。

总结经验：班风好，学生自理能力强，小干部作用发挥好等。

聚焦：班风好（班级文化建设）。

俗话说"题好文一半""选题好像是选种"，像教练员选"苗子"。为了选好题，建议教师们进行这样的思考：我的教学困惑、我的教学问题究竟是什么？哪些是真问题？哪些是有研究价值的好问题？当然，在具体操作时，还要注意下列要求。

（1）选新不选老

一些老生常谈的问题不是不可以研究，只是这种研究有重复之嫌，比如"多媒体技术的运用"这一课题，其实前人已经做了大量的研究，相关的经验介绍、论文也很多：创设情境的时候运用，激发兴趣的时候运用，解决难点的时候运用，化抽象为直观的时候运用，等等。我们只要学习下就可以了，没必要再搞重复建设。再如基于新旧动能转换背景下的科学实践活动案例的研究等。

（2）选易不选难

不妨选择相对比较熟悉，也比较容易操作、容易收集素材的课题进行

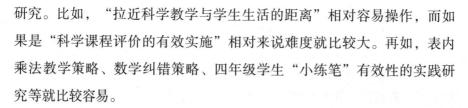

研究。比如，"拉近科学教学与学生生活的距离"相对容易操作，而如果是"科学课程评价的有效实施"相对来说难度就比较大。再如，表内乘法教学策略、数学纠错策略、四年级学生"小练笔"有效性的实践研究等就比较容易。

（3）选小不选大

比如，研究差异教学这个课题就太大，可以分解建立若干个子课题开展研究，例如：针对学生差异进行分层教学的研究；针对学生差异进行有效教学辅导；根据学生的差异进行发展性评价；差异教学中分层教案的编写；学生认知风格的差异及对学习的影响，等等。又如，高年级学生体验式古诗词教学实践研究、三年级学生英语课后学习习惯养成的研究等课题就比较具体。

（4）选择自身所擅长的领域

尺有所短，寸有所长，我们每个教师都有自身的优势和劣势。在做小课题研究时，我们注意扬长避短，充分考虑选题的主客观条件，选择自己所擅长的领域来进行研究。那些自己有较多经验积累或自己在某些方面有一些成果而研究尚不深入的问题更容易研究成功。比如数学绘本阅读、低年级学生写话教学、课前五分钟演讲、小学音乐欣赏课的实践研究等。

（5）选择自身不擅长的领域

教育科研的目的就是改善我们的教育行为，提升自身的教育水平。与上面的研究反其道而行之，我越是怕什么、欠缺什么，越是要通过课题研究改善它。比如，有的教师在课堂提问方面比较薄弱，不妨就研究"改善课堂提问行为的策略"。通过研究，逐渐发现在课堂中教师提问的密度如何把握，什么时候提开放式问题，什么时候提封闭式问题，提问应以知识内容为中心还是应以人为中心，提问用长句好还是短句好，等等。再如，口语交际教学与评价的理论和实践研究。

三、小课题研究的具体步骤

进行小课题研究实际上是经历一个发现问题、分析问题、解决问题的过程，一般有以下五个步骤。

第一，发现问题。

教师要有问题意识，这是进行研究的前提。课题研究，就是以"问题"为核心，从已知条件出发，通过收集材料、观察试验、研究推理等寻求解释的方法，探求解决的途径，最后到达未知彼岸的过程。实际上教师教育教学中遇到的问题是很多的，如一个问题的讲解、学困生的转化、某节内容的课堂教学结构设计、学生上课不专心、"双减"下的作业安排等。

第二，收集资料。

进行小课题研究就是要让教师在充分收集资料的基础上提出解决问题的方法，资料的集是一个寻找方法的过程，也是一个学习的过程，是小课题研究非常重要的一步。资料收集包括阅读书籍、查阅历史文献等收集书面资料，也包括通过实地调研、访谈获得直接研究材料，还可以通过体验取得有关材料，并对材料进行整理归纳分析，为下一步研究做准备。

第三，实施研究。

教师要先明确解决问题的主要方式和途径，可采用案例法、观察法、行动研究法等。应特别强调，小课题研究的核心是行动，行动是研究方案付诸实践的过程，是一个寻找问题解决路径、创造教育实践新形态的过程，研究过程要充实、切实。要注意原始资料的收集与整理，做过的事情，教师要随时记录、反思和总结。要特别重视教育教学过程中一些有意义的细节，并注意对细节的反思与改善。

第四，总结提升。

这是从实践上升到理论的过程。一定要努力把它写出来。在我们看

来，私下的研究称不上研究，未发表的研究对他人几乎没有用处。

第五，指导实践。

指导实践就是把总结出来的方法运用到自己的教育教学实际中，这是小课题研究的根本目的。这是第二次从理论到实践。在这一过程中，自己的教育教学技能有了提高，教育教学效果显著改进。比如自编应用题的资源、数学绘本阅读课的教学环节、课前五分钟演讲的好做法等。

四、小课题研究常用方法

小课题主要采取行动研究的方式，可以选择叙事研究、案例研究、文献研究、调查研究等方法开展研究。由于所取样本小，其结果一般不用数量统计处理，只做定性的分析、比较。

1. 叙事研究

教育叙事研究是指教师以类似于写故事的方式记录自己在教育实践和教育生活过程中发生的各种真实鲜活和发人深省的教育事件，并分析自己在这个过程中的内心体验和对教育的感悟理解。"叙"就是叙述，"事"就是事件（故事），"研究"就是追寻事件（故事）所蕴含的意义。因此，教育叙事研究其实就是一种叙事化的教育反思。

2. 案例研究

教育案例是教育教学过程中包含问题和疑难情境的真实发生的典型性事件。教育案例就是有关一个教育情境的故事。在叙述一个故事的同时，人们常常还发表一些自己的看法，也就是点评。所以，一个好的案例，就是一个生动的故事加上精彩的点评。教学案例可以在叙事研究的基础上，围绕某个教学中的主题展开，构成可供他人讨论、学习的材料。

3. 文献研究

文献研究是指根据一定的目的，通过收集和分析文献资料而进行的研究。"他山之石，可以攻玉。"我们要在前人研究的基础之上进行研究，要考虑你的课题会与前人某些问题的研究有关。前人的研究留下了大量的文献资料。我们应当研究这些文献，利用这些文献，使自己的研究更加充实，更加具有理性和权威性，从而更加具有说服力。

4. 观察法

观察法是指研究者在比较自然的条件下，通过感官和辅助工具，在一定时间和一定空间内进行有目的、有计划的考察并描述教育现象的方法。我们应该掌握一定的观察技术。例如，在观察前要拟订好详细的观察提纲，制定观察的标准、记录表格、速写符号等；观察过程中，记录要及时客观、简单明了，也可借助于录像、录音等，更精确地记录下观察对象的各种情况；观察后要及时处理观察的材料，做到数量化、系统化，为日后撰写研究报告做好充分准备。

5. 调查法

调查法是指在科学方法论和教育理论的指导下，运用问卷、访谈等方式，有目的、有计划、系统地收集有关教育问题或教育现状的资料，从而获得关于教育现象的科学事实，并形成关于教育现象的科学认识的一种研究方法。

五、小课题研究结果的陈述方式

研究报告、论文不是小课题研究成果的唯一表达方式，其研究可以有更加灵活的表达方式——日志、叙事、案例、反思等，这些方式便于操作，与教师工作实践相辅相成，能很好地解决工作与研究的矛盾。它们既可以成为教师教科研活动过程的记录，也可以成为教育科研活动成果的表达方式。

教育叙事和教育案例上面已有介绍，下面简单说明教育日志和教学反思的做法。教育日志是教师对教育教学生活事件的定期记录，是用语言符号和文字梳理自身的行为，记载真实的生活场景，有意识地表达自己。通

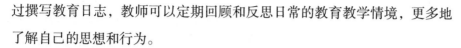

过撰写教育日志，教师可以定期回顾和反思日常的教育教学情境，更多地了解自己的思想和行为。

教育反思是个体对自身教育观念及行为的认识、监控和调节。美国学者布鲁菲尔德认为："反思性实践过程的核心是通过不同的视角来观察我们是怎样思考和工作的。"教育反思的类型很多，有专题反思与整体反思，即时反思与延时反思，课前反思、课中反思与课后反思等。

六、小课题研究的注意事项

1. 重视教育理论的学习

教育理论的学习不仅是教师发现教育教学实践的真问题的前提，而且是提出研究假设、对课题研究进行理性归纳和检验研究结果正确与否的前提。

2. 特别注重创新意识

研究的创新意识，一般体现在四个方面：提出新问题、研究新对象、采用新方法、得出新结论。创新不是去重复别人的研究，概括别人已经得出结论，尽量不要去选择已经有定论的课题，应该选择那些边缘性的、交叉性的，不为成人世界所熟悉关注的话题。研究从根本上说是探索新事物，而犯错误是探索的一部分，犯错误并不可怕，可怕的是没有自己的分析判断，人云亦云。

3. 特别注重实证研究意识

实证研究是从西方自然科学研究的分析方法发展而来的，其特点是重视数据分析，重试验，重调查，其研究过程是把研究对象分解成若干个相关的要素，并运用统计学等自然科学研究方法对这些要素进行微观的分析，由量的研究归纳出对整个事物性质的判断。实证研究的优点是把对事物的研究建立在理性分析的基础上，往往把握准确，论据充分，论证严密。

4. 开展小课题研究容易忽视的问题

如何处理小课题研究与常规教研活动之间的关系？在教学、听课、评课过程中发现的问题，都可以成为小课题研究的对象，通过集体备课拟定出对策，又在教学、听课中去领会、感受、试验对策的效果，再通过研究讨论加以改进。因此，小课题研究与常规教研并不矛盾，是相互融合、相得益彰的。

苏霍姆林斯基曾说：如果你想让教师的劳动能够给教师带来乐趣，使天天上课不至于变成一种单调乏味的义务，那你就应当引导每一位教师走上从事研究这条幸福的道路。小课题研究使这种理想正在变成现实。"人人有课题，个个搞研究"不再是一句空话，而且它必将催生一批科研成果，推动科研骨干的成长。

班级教学管理的那些事

有一段话这样写道："我不能成为诗人，但是我可以培养出诗人；我不能成为科学家，但我有可能培养出科学家……因为我是教师，我的手中孕育着无限未来的希望，我的价值在学生的身上体现，我的青春和梦想在学生的身上灿烂。"

看着大家充满阳光和朝气的笑脸，我仿佛一下穿越到了19年前，回到了我教学的"初恋"时光。想起19年前那个夏天，我和大家一样，刚离开大学校园，通过招考进入了教师的行列，兴奋得睡不着觉。可以说，那时的我刚踏入社会，没有一点人生的过渡，便承担起教书育人的重任，没有大家这么幸运能进行系统的岗前培训。当时的我，心中充满了期待和惶恐。回想上第一节课时的情形，我仍然心有余悸：课堂上，我忙得满头大汗，讲得口干舌燥，虽然声音很大，但是下边的学生各忙各的，就是不理你这碴儿，你讲你的，他忙他的……我迷惘了，扪心自问：我是个合格的教师吗？连一个小孩都管不了，我能教给孩子们什么？是知识？还是人生道理？……好像都不是呀！

多年走来，虽然很累，但是辛勤付出后，收获的是一种精神的满足。我梦想能成为一个让所有学生喜欢的好教师，和学生们一起成长。

一、好教师的标准

苏霍姆林斯基曾经说："一个好教师意味着什么？首先意味着他热爱孩子，感到跟孩子交往是一种乐趣，相信每一个孩子都能成为一个好人，善于跟他们交朋友，关心孩子的快乐和悲伤，了解学生的心灵，时刻都不忘记自己也曾是个孩子。"

网络调查发现，学生喜欢的好教师是这样的：课上得出色；态度温和，笑容满面；公正无私，不包庇人；开朗、爽快，富于幽默感；能热情地照顾学生；待人亲切，与学生打成一片；喜欢体育运动。

二、如何做一个好教师

（一）找准定位，搞清"是什么"，也就是明确"我是谁"

"我是谁"是我们必须面对的一个问题。我这里讲的"我是谁"，主要是从我们的工作性质与职业定位方面来说的。在生活中，我们可能扮演不同的角色，但是从走向讲台的那天起，我们又多了另一种角色—— 一名教师，这是我们初入职场的岗位角色。任何时候都要想到我是一名光荣的教师。光不光荣，看我们自己怎么去做，要对得起自己的良心。

（二）深入思考，搞清"为什么"，明确"我要干什么"

作为教师，我要干什么？首先要问，教育要干什么？教育是为社会培养有用的人才。而这个工作，是由我们在座的大家来实现的。所以，育人是我们的职责。党的十八大报告首次提出把"立德树人"作为教育的根本任务。2018年全国教育大会上，习近平总书记提出了培养德智体美劳全面发展的社会主义建设者和接班人。我想这就是我们要干的。

（三）制定策略，搞清"做什么"，明确"我将怎么干"

教师是按照自己的方式在育未来人，我们培养出来的学生能否适应未来的社会，取决于我们培养出来的是什么样的人。什么样的教师才是理想的教师呢？

首先让我们看看新教育的倡导者朱永新教授是怎样说的：理想的教师，应该是一个胸怀理想，充满激情和诗意的教师；是一个自信、自强、不断挑战自我的教师；是一个善于合作，具有人格魅力的教师；是一个充满爱心，受学生尊敬的教师；是一个追求卓越，富有创新精神的教师；是一个勤于学习，不断充实自我的教师；是一个关注人类命运，具有社会责任感的教师；是一个坚韧、刚强、不向挫折弯腰的教师。

1. 青年教师要具备的素质

（1）树立良好的师德

著名教授启功先生给北师大题词："学高人之师，身正人之范。"这就是说教师是学生的榜样，培养什么样的人才，人才的质量如何，归根结底在于教师、在于师德。

作为新教师，首先应当具备两种意识。一是奉献意识，课程改革是一项需要教师奉献的工程，也是教师完善自我、升华自我、成就自我的工程。新课改也已经走过了8年，2021年我们迎来新一轮大规模的课改，语文、道德与法治等学科已经走在了课改的前列。二是责任意识，没有责任感，就是不称职的表现。早在2005年教育部就出台了《教育部关于进一步加强和改进师德建设的意见》，各地也陆续出台了相应的文件，对有偿家教、体罚或变相体罚学生、推销书籍材料等违规教师采取一票否决制。

（2）培养爱的教育，感受快乐

作为教师，我们要有一种"童心母爱"般的情怀。这就要求我们尊重学生的人格，多看到学生的闪光点，从做人、求知等方面对学生予以悉心关照，达到"润物细无声"的效果。为此，每一位教师都要满怀陶行知先生所倡导的"爱满天下"的情操，"捧着一颗心来，不带半根草去"，尽可能地尊重每一位学生，用全身心的力量去爱学生、爱教育，这就要求教师们做到"笑着做教师，蹲着看学生，乐着做同事"。

①笑着做教师。

我们对学生微笑，生活就会对学生微笑，学生也会微笑着面对生活。对于教师来说，微笑就是一种欣赏、一种简单、一种坦荡、一种宽容、一种幸福的体验、一种诗意的享受……微笑就是一种激励、鼓励和关爱。微笑真的很重要，它能使我们获得最佳的教育效果。每天以愉悦的心境，微笑的面容，饱满的热情，走进教室，面对所有的学生。课堂上，当学生回答不出问题时，要给他一个期待的微笑，给他一句真诚的鼓励；当学生违反纪律时，要给他一个大度的微笑，给他一次改过的机会；当学生遇到困难时，要给他一个温馨的微笑，增强他克服困难的勇气。微笑能缩短人与人之间的距离，让人感到温暖。可以说，学生未来的成功就蕴藏在教师的微笑之中。

对我个人而言，教师这个职业给了我相对安稳的生活，生活极有规律性（开学又胖了几斤）。每天和一群有思想、有个性的学生度过，他们健康积极向上的心态，让我感到轻松自在。生病时，学生发的一条慰问的短信，会让我感到快乐温暖。另外，教师的节假日比较多，我也可以悠闲地、有计划地享受旅游观光的乐趣。（有人戏说，一年里教师的休息时间为6.2个月，工作时间为5.8个月。）

认真、虔诚地工作也是美丽的享受，对于工作中的每时每刻不烦不躁，每个工作日力争有点滴成效；对于学生的小小进步，感到欣慰；对于学校的大小活动（冬季的长跑、跳绳比赛、拔河比赛、市直教育系统运动会中的慢骑、合唱比赛、朗诵会、毕业典礼、教师节联欢会、拓展训练、篝火晚会、趣味运动会、钢笔书法比赛、外出学习等）身先士卒，积极踊跃参加。不是想取得多大的业绩，而是真诚地做好每件平凡的小事，寻找工作中每个细小的幸福音符，感受快乐。

②蹲着看学生。

作为新教师，只有蹲着看学生才能发现学生更多的优点，才会更有耐心等待学生的成长。平视学生，意味着教师应该宽容、信任、理解、等待，意味着童心的回归，能包容与善待学生的问题。学生就是学生，每一个成长中的问题都是学生发展的机会。拥有高深的学科知识，仅仅是其中的一个条件而已。作为一个好教师，更重要的应该是善于管理学生的行为——尤其是善于管理学生的课堂行为。只有蹲下来，你才能倾听学生，你才能教会学生如何聆听。（在和学生谈话时，我总习惯拉个椅子让学生坐下，这和站着谈有很大不同，至少学生没有胆怯感，谈话也是愉悦的，只要他喜欢你，你批评得再多他都认为你是为他好，都能心悦诚服地接受。）

③乐着做同事。

能在同一个学校工作是我们和同事之间的缘分。尤其在同一个教研组里的同事，大家能感觉到这是一个充满活力的组织，每天都带着幸福感来到学校，非常温馨地离开。青年教师应该及时主动地向每一位老教师请教，正视自己的优、缺点，从自己的优势出发，学习老教师在教学中的经验和技巧，完善自己的教学方式，力争早日成为一名优秀的教师。同时，交流的过程也融洽了同事之情。在我们学校里，教师们，尤其是同一办公室的教师都是有难必帮，有乐同享，工作的氛围甚是愉悦。

（3）要塑造崇高的人格魅力

要照亮别人，首先自己心里要有阳光和火种。榜样的力量是无穷的，成功的教师能够"不教而教"，"桃李不言，下自成蹊"靠的就是人格的力量。教师只有言行一致、诚实守信，时时严格要求自己，言谈举止皆做学生的楷模，学生才会"亲其师"而"信其道"。

（4）教育即服务，学生和家长是"上帝"

这里我们所提倡的服务观涵盖两层意思：一是教育要面向全体，即服务全体学生，因此要做到一碗水端平，让所有学生同乘一辆前行的车（实际教学中，不应有偏见，有时会更同情学困生，一个都不能少），做到

"人人"都享受平等的服务；二是全面发展，对每一位学生的思想品质、学习成绩以及身体素质都要悉心关照，帮助其全面发展，做到"不同的人"有不同的发展。

我想，作为一名年轻教师，更应树立服务的意识。曾经有这样一个故事：一位教师将家长会开成了批判大会，将一名作为大学教授的家长说得无地自容。这些现象的出现是受"师道尊严"意识的影响，教师把自己当成一个知识的拥有者、教学的主宰者，并以"学高为师"自居。看看我们的教育工作，从学生的学习、纪律、健康、安全、行为习惯的养成，甚至包括和家长的交流，哪一样不是服务性质的？

作为教师，我觉得必须充分了解学生的情况，如学生的学习成绩、性格特点、特长和爱好、优点和缺点等。因此，我和家长谈及学生的发展情况时是比较具体的，从不笼统、模糊和泛泛而谈，没把握和不准确的不说，让家长感到我对学生的关心和重视，感觉到我工作的细致、认真和负责。我与家长交流时，对学生的评价是客观且全面的，既肯定学生的优点与进步，也真诚地提出其不足之处及改进办法。在谈到学生的缺点时，我也是根据具体情况而区别对待，我相信方法总比问题多。

教师对不同的家长应采取不同的沟通方式。一是对于素质比较高的家长，我会坦率地将学生在校的表现如实地向家长反映，并主动地请他谈谈教育学生的措施，认真倾听他的意见并适时提出自己的看法，共同做好学生的教育工作（取经用来教育自己的孩子，互利互赢）。二是对于那些溺爱孩子的家长（眼中无他人，有时候还护犊子），我就首先肯定其孩子的长处，给予真挚的赞赏和肯定，然后再用委婉的方法指出其不足之处，诚恳而耐心地说服家长采取更好的方式方法教育孩子。三是对于后进生或是认为自己对孩子已经管不了的家长，我就尽量用放大镜寻找孩子的闪光点和特长，让家长看到孩子的长处和进步，对孩子的缺点适时地每次说一点，语气委婉，并提出改正缺点的措施，重新燃起家长对孩子的希望，使家长对孩子充满信心，配合老师共同做好教育孩子的工作（家长更着急，多讲一些实在的措施和方法，如何复习、如何做作业等）。四是有一些气势汹汹、蛮不讲理的家长，特别是不理解学校的一些工作安排的家长。遇到这种情况时我就沉住气，先让家长说完，发完脾气和牢骚，并对家长的这种心情表示理解，然后再耐心地以平静的语气与家长解释、分析事情的利弊和对错，以理服人，并体现出自己的宽容大度，赢得家长的好感，从而得到家长对我工作的理解和支持（关键是让他发泄，讲清楚、听明白后再交流）。

众所周知，择校最终择的是教师，名校必须有名师，很多家长多方打听，都希望孩子选个好教师，进个好班级。我想这里的好教师，应该是有较强的"服务意识"、时时处处心里想着学生的教师，愿大家都能成为家长眼中人人争抢的"香饽饽"。

（5）与时俱进，开拓创新

教师的真正本领，不在于他是否会讲述知识，而在于是否能激发学生的学习动机，唤起学生的求知欲望，让他们兴趣盎然地参与到教学过程中来。课改的核心理念是"一切为了每一位学生发展"，教师最大的享受、最大的乐趣就在于觉得自己是学生所需要的，是让学生感到亲切的，是能够给学生带来欢乐的，努力把学生培养成高素质的人。

如果想让自己快速成长起来，班主任这个天下最小的主任是个最能锻炼人的岗位，大家可以试一试。很多人调侃新时代班主任标准："上得了课堂，跑得了操场。批得了作业，写得了文章。开得好班会，访得了家长。劝得了情种，管得住上网。解得了忧伤，破得了迷惘。Hold得住多动，控得住轻狂。受得了奇葩，护得住低智商。查得了'案件'，打得过嚣张。"虽然有些风趣，但也是班主任工作的形象写照。

在十多年的班级管理中，我重在引领学生学会自我管理，就是培养学生由他律向自主教育过渡，总结了七个实用的工作方法（对不是班主任的

教师，在班级管理、学生管理中也非常实用）。

①定要求

现在的学生时代色彩鲜明，思维活跃，个性突出，合作能力较弱，集体意识一般，凝聚力欠缺。为了让学生主动参与班级管理，使每个学生都有机会展示自己的风采、有机会发表自己的见解，我工作的切入点就是班规的研讨制定与实施。

原则：管理目标细化、具体化。

措施：一月一主题，一周一制定。周规周一班会共同讨论通过，每周只记几个关键字。下周一总结上一周的执行情况，奖惩并施。

以"九月"为例：日常行为习惯规范月。

第一周，周规：铃声是命令，我们要坐正。

实施办法：9人一小组，组长监督组员，组长是轮流制，每人一天，一周内低于3次违规为合格者。

奖惩：合格者写表扬信，违规学生写出反思。

第二周，周规：早上书声琅琅，中午静心分享。

实施办法：9人一小组，组长组员互相提醒、监督，一周内连续3次违规为不合格，低于3次为文明学生。

第三周，周规：人人为我，我为人人。

实施办法：保证不带零食进校园，保证不乱丢垃圾，自觉捡起一片废纸，让"两保证一自觉"深入人心。以确保值日生能保质短时完成卫生打扫，并能保持平时的环境卫生。谁违反就罚谁做值日。

第四周，周规：不打不闹，文明礼让。

这是针对课间的一个规定，由安全监督员做好监督。

其实这些班规就是《小学生日常行为规范》的细化、具体化。细化为学生在短时间内能克服的一个规定，具体为生活中的一个细节。没有规矩不成方圆，这些设计好的、符合班情的日常班规，可以养成学生自我发现问题、集体设计改善集体问题的习惯，会有效地减轻班主任繁杂的日常管理工作，在这一过程中学生的自我管理能力也得到了培养和提升。

②勤检查。

检查是督促学生长久做好一件事情的良方。平时我对于提出的要求总会勤于检查。良好习惯的培养涉及的内容很多，有学习习惯的培养，有行为习惯的培养，有劳动习惯的培养，还有文明习惯和卫生习惯的培养，等等，如果这么多的内容都由班主任来检查是不现实的，再说时间也不允许。为此，我就采取轮流值班制并明确分工职责，每位小干部负责检查一个项目，如卫生委员负责检查教室环境卫生，课间安全监督员负责检查课间安全游戏，班长负责检查听到铃声响到正式上课前的纪律，学习委员负责检查课前准备，早晨有专门负责看早读的班干部，等等。每一个小班干部我都发给他们一个本子，检查结果做好记录，及时通报，便于适时评价和前后对比。采用教师查和小干部查相结合的方式，既锻炼了小干部，又有效地培养了学生的自我管理能力。

③搭平台。

为了让更多的学生得到更多的锻炼，我在班级管理中本着人人有事做、事事有人做的原则，因岗设人，让岗位培养人；因人设岗，让人在岗位中经受锻炼。例如，班级有纪律管理员、卫生管理员、检查作业的小组长、办黑板报的板报小组、做操示范员等。学生根据自己的特长、意愿，在班级与同学竞争，优胜者获得这些岗位。当然，这些岗位也不是固定的，学生可自主在自己适合、适合自己的岗位中做选择，每次换岗，新一任总是努力工作，力争有所创新，超越上一任，从而使自己在班集体中找到位置，获得成功的喜悦。

我们班里有个高高胖胖的小男孩航航，他性格活泼好动，爱说爱笑，但由于家庭原因缺少关爱，他想拥有更多的朋友，更想得到大家的认可。体育委员竞选时，我得知他愿意为班集体服务，后来每次我们班

的放学路队前，都有一个高高胖胖的小男孩，领着队伍过马路；而且他还成了我们班级足球联赛时的守门员，用努力拼搏、专注的态度为我们班扑住了多个险球，赢得了大家的阵阵掌声，他脸上的笑容也更加灿烂了！

记得有一年冬天，我去外地培训学习期间，班级发生了一个意外事件。课间休息时，一位学生在转身时不小心把手臂甩到了另一位学生的鼻子上，由于这位学生毛细血管壁比较薄，平时也常流鼻血，当时鲜血直流，学生一时都慌了神，教室里顿时乱作一团。这时班长小周同学挺身而出，先让慌乱的学生回到各自的座位，然后端来水盆，旁边的学生又拿来纸巾，他们给被碰学生擦洗脸上、手上的鼻血，还不停地安慰他。在大家的共同努力下，一次突发事件就这样妥善地处理了。班干部遇事能妥当地去处理，作为班主任的我们就会感到很有成就感。

很多事情班主任都可以放手交给学生去做。像班级一月一换的黑板报，由教师办到指导学生怎样画线、怎样选材料、怎样设计版面、怎样色彩搭配、怎样写黑板字，手把手指导，学生逐步掌握了办黑板报的方法，后来一两节课就能快速办好黑板报。

每年元旦联欢会时，我也是放手让学生统计节目，自主排练，自己串词、主持，这些活动的开展都使学生的能力逐步增强。

④ 联网络。

利用"班级QQ群"（存放文件、图片、题卡、问卷等比较方便）、班级微信群（即时性的通知、布置任务等）等实现随时与学生及家长的在线联系。每接手一个新的班级，我都会创建属于这个班集体的QQ群。学生们可以及时将自己对班级工作的建议或他们当天碰到的难题在QQ上发表出来。在聊天中，我发现平时在班里不爱说话的学生在QQ上很活跃，表达也很清晰准确，于是，我适时鼓励他们在学校也要大胆表现自己，大声说出自己的想法。有些学生通过网络将自己心里或同学之间的小秘密告诉我，使我对班级情况了如指掌，做起工作来更加得心应手。

我的"班级QQ"空间里记录着每个学生的成长足迹。这里有孩子们努力上进后的作品展示，这里有孩子们成长的喜怒哀乐，这里记录了班级中一件件平凡的事……凡是与班级有关的大事小情，在我的"班级QQ"空间里都可以看到。我不断激励学生们将自己精彩的一面展示出来，将优秀作品上传。QQ相册里有色彩斑斓、图文并茂的手抄报，有上课听讲、写作业时的美丽身影，有劳动课手工制作时的全神贯注，有一次次班队活动时的难忘瞬间，有课间活动时的快乐笑脸，有六一、元旦等节日联欢时的载歌载舞，有运动会上你争我抢的精彩瞬间，也有雪地里我们一起玩雪的美好回忆……

当然，与时俱进的教师们也可以根据需要制作美篇或公众号，如我们的梦之翼中队，利用公众号发布一些中队活动，起到了报道和宣传的作用。凡是班级的各种信息，我都能在第一时间通过"班级QQ"、班级微信群、班级公众号进行发布，让学生、家长乃至关心孩子成长的社会各界及时了解学校的各种情况。

但是在这里我也要给大家提个醒，任何事物都有两面性，同样，"班级QQ"、班级微信群也是一把"双刃剑"，有时我们说话稍不注意就会引起学生或家长的误解，引起不必要的麻烦。为了防止这些事情的发生，说话一定要注意方式方法，和家长说话时要注意措辞，让家长感受到我们的真诚。同时要提醒家长或学生在班级群里不要说和学习无关的话，真有什么问题要私聊，不要在群里发不利于团结的话，更要引导家长和学生发一些积极向上、正能量的内容。

⑤ 多实践。

为了让学生的生活更精彩，我尽可能地利用家长的资源给学生创造一切机会，让学生参与社会实践活动，培养学生的社会实践能力。很多校内和校外的实践活动给学生和家长留下了深刻的印象，我个人的工作能力也得到了很大的提高。

当然，这些活动的开展得益于学校的整体规划和班级家长委员会的全力支持与配合，每次都有详细的预案，以确保安全。俗话说，读万卷书不如行万里路。通过活动的开展，学生接触社会，了解社会，综合能力得到了锻炼和提高。

此外，在活动开展的同时，我积极参与主持了山东省少先队工作重点研究课题《运用网络资源，创新少先队活动》，把班级工作和管理经验及时进行了总结和梳理，积极推广好的经验，课题也顺利结题，可谓一举多得，最终这个课题荣获山东省科研成果一等奖。

⑥重环境。

为了促进学生全面发展，我还在教室的几面墙上设计了"评比栏""我最棒""小荷才露尖尖角""快乐生活""小巧手""我手写我心"等文化园地，上面既有学生写的字、画的画，又有纪律、学习、卫生等各方面的表现情况，这样做是为了让每一个学生都有机会在小伙伴们面前展示自己，让他们找到自信。记得二年级学校刚开始进行大阅读活动时，我们班级墙上挂了几幅从《论语》中精心挑选出的关于读书的名句，学生在浓浓的读书氛围中静心学习，收到了较好的效果。

⑦巧评比。

利用红旗榜，多方面、全景记录学生的点滴进步，调动学生学习的积极性。每月评比一次，主要项目有课堂回答问题奖、课堂作业奖、单元测试奖、多劳多得奖、选做奖、每日一题奖、周末讲题奖、进步奖等。

千万别吝啬你的小红旗：在练习时，保质保量地完成作业者，奖励"小红旗"；挑战选做题成功者，奖励"小红旗"；课堂上回答问题2次者，奖励"小红旗"；录制每周讲题小视频者，奖励"小红旗"；家庭作业"多劳多得"者，奖励"小红旗"（鼓励学生在家里多练习，多做的题目由家长拍照发微信群，换取红旗，多劳多得，少劳少得，不劳不得，解决孩子在家里只完成教师布置的作业而不愿意多做题的问题）。每月累计一次小红旗，发放奖品，第一次的奖品由孙老师独家赞助，第二次发动学生众筹，这样一学期的奖品库都是充盈的，每次都是按照红旗榜数量的多少发奖品，学生依次上台领奖，每次均有不同的主题。记录方式：在课堂作业本上记录（画红旗），比较方便快捷。奖励方式：10面换1颗墙上的红星，每月发奖品（独家赞助、学生众筹），注重仪式感（拍照、自己挑选奖品、让学生互相数数），把学生的注意力紧紧地吸引到红旗榜上，用红旗来调动学生学习、活动的积极性。

（6）不断挑战，努力提升自己

俗话说，"不想当将军的士兵不是好士兵"，同样，不想当名师的教师不是好教师。作为一名青年教师，在从业之初，如不想成为一名教坛新秀，就不会是一名积极上进的好教师。因此，成为一名教坛新秀，是专业发展的第一个目标，成为学科带头人，成为名师更是人生继续努力的目标。俗话说："要给学生一碗水，教师就得有一桶水。"按理说，这桶水应当是"取之不尽，用之不竭"的，否则三五年教下来，水桶早就见底了。当前，课程改革对教师素质提出了更全面的要求，呼唤复合型的教师，甚至是全课程教师的出现，"一桶水"已远远不能满足实施全课程的需要，教师应拥有一条奔涌不息的河流，这是学生的渴望，也是社会和时代的期盼。

我校给青年教师做出了"一年适应、两年合格、三年胜任"的规划，以让每位青年教师在成长中收获更多的机遇、挑战、成功。但最重要的还是迈好奔向目标的每一步。学校定期开展书友沙龙活动，鼓励教师"四多"——多读书、多记录、多总结、多交流，引导教师开展共读一本书活动（阅读书目有《与美国年度教师面对面》《怎样读懂学生——心理特级教师的建议》《历史的教训》《白说》《说话的艺术》《哈佛家训》《最美的教育最简单》《活在当下》《美德书》《遇见未知的自己》《看见》

《夏山学校》《芬兰教育全球第一的秘密》等）。近5年来，每位教师阅读书籍达50多本。还有很多教师将读书心得和教学案例刊登在校报上，进行交流分享。学校官网也专门开辟了读书会栏目，鼓励青年教师踊跃投稿，积极展示自己的才华。

2. 会上课，上好课

（1）学生喜欢的好教师必须会上好课

怎样才是一堂好课？于漪老师认为一堂好课的标准有以下几点。

① 有意义的课，即扎实的课。

② 有效率的课，即充实的课。

③ 有生成性的课，即丰实的课。

④ 常态下的课，即平实的课。

⑤ 有待完善的课，即真实的课（研修中的磨课和赛课比赛时很顺的课不一定是好课）。

无论上何种课，教师都尽量要做到旁若无人，因为，你是在为学生上课，不是上给听课的人听的。会听课的教师不仅听教师讲了什么、怎样设计的，还要看学生的参与性和掌握的程度。我是学校自动录播室常客，录下来后，反复观看，查找不足。我录的课基本属于学校最多的，收益也最高：一节课获省课程资源一等奖，一节课获省优质课一等奖。

（2）成功上好每一节课，是对我们提出的基本要求

怎样做才能让学生喜欢自己的课呢？

① 在备课上下功夫。

② 教学过程中要注重师生互动。在我的课堂上，创立了回答问题奖，鼓励学生积极主动地表达自己的观点，不以对错论英雄。只以次数论英雄，用小红旗来激励学生学习。

③ 注重培养学生主动参与、亲身实践、独立思考、合作探究的能力。在课堂上，每个学生都应主动参与、自由读书、热烈讨论、讲谈感悟。学

生的主体地位怎么体现？一句话，就是学生能做的事，教师绝不代替。再细一点说，就是学生能读的，教师不读；学生自己思考能得到的，教师就不讲；学生经过讨论能得出的，教师就不用点拨；学生通过查工具书自学能解决的，教师就不大讲特讲。

（3）合作探究

合作探究是一个可以让学生进行有意义的相互提问、相互探讨、相互补充，从而使大家的认识更加丰富、深入、完善的活动形式。合作必须建立在学生独立思考的基础上（现在有些课堂光有合作，没留给学生独立思考的时间和空间）。如果没有独立思考，那这个学生在合作中就会显得被动，根本无话可说，教学就会成为"一言堂"。

合作探究中应注意的问题如下。

① 什么时候进行合作？

从学生的角度看：当学生独立思考不能达到全面时，需要小组互补；当学生独立完成遇到困难时，需要小组互补；当学生提出解题策略，但彼此间不同意或有争议时，需要小组互补；当学生对知识的认识仅靠个人的思考不全面时，当学生有了思考成果需要交流时，需要小组互补。

从知识的角度看：在发现规律时，在实验操作时，在揭示知识的重难点时，在辨析易混淆的概念时，应放手让学生交流，构建结构合理的小组。

② 合作中教师的作用有哪些？

提供素材和材料，设计有思考价值的问题（与华应龙老师同台教授"认识正负数"一课时，利用温度计体会相反意义，用记录单初步创造负数）；营造和谐氛围，鼓励学生进行探索（创设贴近学生生活的游戏，相反的游戏，手臂的游戏，歌曲《左手右手》）；关注学生差异，给学困生以帮助；积极评价引导，把探索引向深入。

③ 特别提醒：合作中给足时间、空间，不盲目打断学生，促使学生

247

互动。（在讲解"可能性"一课时的学生摸球活动中，给足学生体验的机会，让学生充分动手、动口，体会可能性。）

（4）教师要有扎实的教学基本功和应变能力

① 变化语调。

丰富生动的语音语调是教师的一项基本功，因而抑扬顿挫、声情并茂的讲课方式是教师应该掌握的。

② 有效启发。

今天的课堂中仍较多地采用启发式教学，教师要从学生喜欢的问题入手。比如，在教学"方向与位置"时，我抓住学生喜欢做游戏的心理，通过"打地鼠"游戏和"热热身"活动引入，先让学生向前迈两步，向后退三步，向左弯弯腰，向右踢踢腿，向上拍拍手，向下拍拍手，然后让学生说出活动中用到了哪些方向词语，最后让学生猜猜这节课要学习的新知识。

③ 语言幽默。

学生们喜欢讲课生动形象、妙语连珠、幽默的教师，这一点连成年人也不例外。因为幽默教学实际上是一种教学机智。

在课堂上，常发生一些意想不到的尴尬事件，教师要善于用幽默语言来调节气氛，有时能达到化尴尬为精彩、化意外为微笑的效果。比如，有一次，我在上课时贴在黑板上的教具突然"啪"的一声掉了下来，这时恰好响起了下课铃声，我不失时机，幽默地说："看来它也想休息了，下课。"此外，我还常使用"各就各位，预备，开始""应用题你得多读几遍，否则它会欺负你""太有才了""Good, Hurry, very well""高手就是高，实在是高""回答得太好了，大家呱唧呱唧""老师都惊呆了"等夸张的语言。我们要学会"忽悠"，把学生的注意力牢牢地吸引住。

④ 善于用赏识的眼光看待学生，适当的表扬奖励是上好课的"催化剂"。

　　对于学生能准确回答出的有思考力的问题，我们可以这样评价："说得太好了，你听清楚他说的了吗？谁能像他一样再来说一说？"这既是对学生正确回答的鼓励，也是对学生认真倾听的鼓励，还有对学生敢于表达自己观点的鼓励，可谓一举三得。比如，上课纪律不够好，如果你说："你看××坐得多好啊，表扬和点赞。"其他同学马上就会坐好了，比你说10遍"坐好了"强。

　　总之，要上好一节课需要教师不断学习，与时俱进。学习他人的长处，紧紧抓好备课、上课，作业布置与批改、课后反思、课后辅导等环节，不断改进教学方法，关爱和赏识每一位学生。长此以往，我相信会有越来越多的学生喜欢上你的课。

5 第五篇

读有所悟

数学教育的"繁"与"简"

我一直以为知识无所谓难易，关键在于你思考理解的程度，你有没有对所学知识理解到位、掌握到家、思考通透，你对所学知识深刻理解的程度将决定你今后的学习效果。教学中教师一定要重视思考的通透与深刻，越是简单的知识越要理解到位，从知到会，从会到思，从思到用，教师对基本的知识理解、掌握到了一定深度，学生的学习才能穿越所谓的复杂与烦琐，才具备化难为易、从容思考的能力。

有时在课堂中我们可能过于重视得失，重视效率，重视对错，教学重心可能更倾向于学生的对，而对真正的"会"关注不多。当然，这可能是个人理解的缘故，也可能是受各方面条件的限制，我们常常会以"对"代"会"，似乎只要学生解答正确或者能够按模式表述出来就是会了。其实，这里的"会"未必是真正的"会"，这里的"会"可能具有短效性。如果我们重视不够，许多学生特别是平时学习方式不恰当、学习基础不扎实的学生会后续乏力，越学越累，以致他们需要不断用大量的重复训练来巩固所谓的"会"，那就是学之困了。

如何教才能力求最有效地避免以上问题，让学生轻松愉快地学习数学呢？我觉得作为教师，首先要做到的就是重视基础、重视简单知识，越是简单的知识越要深入思考、深入分析，越要让学生主动地辨析比较、体会运用，让学生主动将基础知识与新旧知联系起来，这样学生才可能真正地掌握。

数学课《一一列举》，它属于解决问题策略的范畴，许多教师在教学这一块儿知识时会觉得特别简单，认为只要关注一一列举的几个要点，有序、分类、不重复、不遗漏，就能够正确地思考，得出正确的答案。我认为这只是最基本的要求，真正的有效教学必须关注知识与知识的联系，关注学生在学习中的思考辨析和拓展比较。现结合本课的教学谈谈自己的理解。

问条件、问问题，于无疑处问出思考。

情境再现。

呈现条件：王大叔用22根1米长的栅栏围一块长方形花圃。

问：从这个条件中你获取了哪些信息？

90%的学生能够反馈22根、1米长和长方形。

追问：你还能想到哪些信息？

此时大多数学生出现冷场，他们无法根据老师的提问进一步思考，经过再次追问，有两名学生能够提炼出：这个长方形的周长是22米。这是一个关键性的问题，当学生说出来的时候说明他对此条件比较理解了。

进一步追问：你还能想到什么？

这个问题有点难，但必须问，难处在于学生不知道、不了解栅栏。为什么必须问？因为信息给我们限制了长方形的长和宽的数据——必须是整数。

这个信息似乎可以一下子揭示出来，周长是22米，但告之的没有学生经过思考之后掌握得深刻。看似简单的问题在追问之后不仅要让学生明白长方形周长是22米，长和宽是整米数；更重要的是要让学生学会处理信

息，在进一步处理信息的基础上自然会想到长方形的周长是22米，长与宽的和是11米，这也是一一列举的前提。

接着提出问题：怎样围面积最大？

这个问题的讨论不能仅局限于面积最大，因为有学生能够直接说出答案。一一列举的目的不仅是简单地找到某一个问题的答案，更重要的是通过找答案知道为什么是，怎么找的，凭什么判断就是这个答案，培养学生严谨思考的习惯。

如我所料，就有学生直接报出了答案，教师不能立刻做出肯定与否定，必须进行验证：这样围面积最大吗？如何验证？

教师的关注点仍然是教学重点：把所有的围法全都列举出来，然后算出面积再比较。

反思课堂教学，许多时候我们过于追求教学效果，仅仅关注学生的解答，却在教学过程中有意无意回避让学生生"困"的过程，"困"后思、"困"后悟的过程价值更大。简单的问题需要进行深度的追问，既可以问出学生的困，亦可以问出学生的思；既可以问出学生对新旧知识的联结，亦可以触动学生对新知的感悟与拓展。教学一定要重过程、轻结果，我一直以为思考过程正确，答案算错是偶然的，你不可能每次都错，思考过程不对答案正确也是偶然的，并且今天不错不代表以后也不会错。

所以，在数学课堂上，应尽可能借用课堂生成性资源，用活错误资源激活学生的思考。

乡风民俗韵味浓

费孝通是一位我们耳熟能详的社会学大家，他在国外也享有盛誉。费孝通以《江村经济》闻名于世，但是在读了《乡土中国》之后，我才知道费孝通先生的见识之广以及对中国内在结构透彻的分析，直到现在我仍深有感触。

《乡土中国》这本著作既反映中国的实际状况，又具有很强的理论深度，在中国的学术界具有较大的影响，成为许多学者研究中国问题的必读书。费孝通先生的生花妙笔令《乡土中国》内容精彩纷呈，阅读《乡土中国》这本著作可以加深我们对中国社会的重新理解和认识。《乡土中国》虽然仅有十四篇文章，但却描绘出了生动而贴切的中国传统形象，对很多问题，费孝通先生以精辟的见解和恰当的比喻做出了通俗易懂的解释，这能够让更多的人很好地理解他的观点。

费孝通先生在该书的开头就为我们讲解"什么是乡土本色"这一问题。从书中我们可以找到费孝通先生的见解："中国社会是乡土性的。"乡下人离不开泥土，城里人说乡下人很土，其实这是可以理解的。以前听到城里人说"乡下人很土"时，我们作为乡下来的人总会感觉城里人在藐视嘲笑乡下人，心里很不是滋味。但经费孝通先生这么一说，这"土"字用

得好啊，我们乡下人离不开泥土，说我们"很土"或"土气"都是很正常的。因为我们乡下人本身所处的地方和接受的教育程度和城里人就不一样。

乡土社会是个熟人之间的社会，是一个"从心所欲而不逾矩"的社会，是一个规则暗含的社会，是一个"抬头不见低头见"的社会，是一个生活成员之间互相了解的社会。在这样的社会中，熟悉产生信任，因此乡土社会没有法律，也不需要法律，它追求的是"人治""礼治"！

虽然说费孝通先生对乡土本色阐述得非常深刻，而且我也非常认同先生的观点和见解，但是我要说的是在这本书中我印象最为深刻的还是"差序格局"这一名词。费孝通先生把中国的社会结构比作"一块石头丢在水面上所发生的一圈圈推出去的波纹"，旨在描述亲疏远近的人际格局，如同水面上泛开的涟漪一般，由自己延伸开去，一圈一圈，根据距离的远近来划分亲疏。每个人在某一时间、某一地点所动用的圈子不一定相同。每个网络都是以"己"作为中心，每个网络的中心也各不相同。

中国人对世态炎凉特别有感触，正是因为这种富于伸缩的社会圈子会因中心势力的变化而改变。儒家考究的是人伦，因此在《乡土中国》中，费孝通先生将"伦"的定义解释为"从自己推出取得和自己发生社会关系的那一群人力所发生的一轮轮波纹的差序"。他认为孔子先是"承认一个己，推己及人的己，对于这己，得加以克服于礼，克己就是修身。顺着这同心圆的伦常，就可向外推了"。孔子的道德体系里绝不会离开差序格局的中心，否则其中的差序格局就没有意义了，它只会依着需要而进行推广和缩小。

明白了这个能放能收、能伸能缩的社会规范以后就可以明白中国传统社会中"私"的问题了。中国社会中的"私"，就好像一个人为了自己可以牺牲家，为了国可以牺牲天下。对于中国人来讲，私和公是相对的，因为在差序格局里，站在不同的圈子上看，公和私是会转换的，这也是我对差序格局理解得比较深刻的一点，对我而言很有启迪作用。

费孝通先生的这本著作让我受益匪浅，让我对乡土社会有了更为深刻的了解，学到了不少东西，值得再次阅读，细细品味。

相信教育，相信未来

在新冠病毒肆虐的日子里，我只能在家待着，哪里也去不了。因为疫情，我有了一段自己的时间去静静地读一本书，这本书是一本薄薄的小册子，分"生命在唱歌""心中有风景""背景是星空"三编。选入了作者对叶澜、柳斌、朱永新、魏书生、李吉林、蔡林森、岩村和朗、安东尼·布朗、罗恩·克拉克、周有光、黄培云、柯岩、魏德运、李鸣生14位教育名家和文化名家的专访。全书暗含了"相信教育，相信未来"的主题，传递出了涤荡人心的正能量。

对我来说，这本书的特别之处不是其访谈记录的形式，而是以对话为形式却把作者想要表达的教育理念传达给读者的方法，让我能够深深地体会14位教育家的个人理念。对于教育、对于未来，我们知道的还太少，本书中的每一问、每一答，或许能给我们一些想要的答案。

叶澜教授用三十年探索生命实践的课题，她认为生命是教育的魂，时间是教育的行，学校是教育的体，教育是一项充盈人的生命的人类实践活动。

《让课堂焕发生命活力》点动了教育的基础问题和原点问题，以生命为切入点研究教育，时时关注生命体验和个体生命的自觉。教育不仅是论道，更应起而行道。作者热爱生活的每一个细节，用自身经历诠释了一个人的学术史就是生命史的观点。同为女性的情境教育创始人、儿童教育家李吉林老师何尝不是如此，带着诗意的梦想、满腔的热爱和执着，一生不断求索，带领着一群志同道合的后辈不断地播种，辛勤地耕耘。可谓有情有境导童稚，无怨无悔见精神。从这本书中，我看到了潜心的研究，独立的思考，滴水穿石般的优秀品格。

从新教育的发起者朱永新身上可以看到这股坚持、这般思考。短小、活泼、言之有物的话语风格是新教育的切入点。一切研究都遵从教育实际，并为教育实际服务。鼓励学生去创造、尝试，在实践中和理论进行碰撞。在我们这里做新教育的时候，我身边曾有人对新教育的"新"提出疑问，我当时的直觉是先去照着做，再在做中发现问题。不要把质疑过度前置，这样就影响了干好事、干成事的步调和节拍。全然接受又何妨！很多事情并不是做失败了，而是想失败了。在这个访谈中，朱永新老师对新教育的"新"做了解释，过去时代的"新"，对于我们这一代人是久违的，因而具有新意；很多东西以前提得比较模糊，现在渐渐清晰了，那就是新的；很多东西可能过去有人说过，但没人好好实践，我们做了新的诠释，那就是新的。新教育的"新"，不是推倒别人，而是继承。我比较认同这个观点，因为新教育所倡导的理念和教育理想与几千年来人类追求的人文主义之美一脉相传。

正如作者所言，每一个人的人生，都是一个看得见风景的房间。那一段段色彩半闭的教育岁月、文化旅行，吸引我推开门，走进去欣赏，带着对人、对命运的好奇和关切，以诚恳的态度阅读、书写。魏书生班主任的过与不及、万事适度的生活哲学，不正是道家的最高生活艺术"全观守中"吗？生活的每一处都如此明白和清澈，令我敬仰，值得我学习。做教育的，成功的，一定是心中有风景的那一个；一定是用一生在坚持而又执着的那一个；一定是伴随着相信未来、跟随美好的那一个；一定是与众不

同、无所畏惧的那一个；一定是无论生活多么窘迫，都健康、智慧、乐观地生活的那一个；一定是心怀崇高，又敢于走近崇高的那一个；一定是敢于仰望苍穹，敢于问天，独立思想、独立写作的那一个。

再次感谢王珺女士，给我们呈现了这些丰满的人物和美丽风景，再一次让我的心灵得到了滋养，照见了数十个伟大的灵魂。阅读中，我常常停下来，与他们一一心灵共振，感受如此高贵的生命品格。

用全"新"视角审视教育

"未来，已来"这4个字经常占据新闻"头条"。的确，在日新月异的现在，一切都在"飞"一样地变化着。所以，终身学习早已不是口号，而是每个人都要做的事情。那么，学习什么才是未来需要的呢？什么样的学习才是有价值的学习呢？

美国著名教育心理学家、哈佛大学资深教授戴维·珀金斯所著的《为未知而教，为未来而学》（*Future Wise*: *Educating Our Children For a Changing World*）给了我们答案。wise的意思是充满智慧的，简言之，我们要以一种全新的视角，一种更加具有"未来智慧"的教育视角来看待教育。

珀金斯教授认为现在传统的学校教育教的内容存在三大问题：一是过分重视学业成就，通俗点说，就是只关注各学科的考试分数，而不管这个分数的高低意味着什么。二是过于关注"了解性知识"，忽略了对知识内涵的把握。三是过于强求专业知识，忽略了与生活有关的软知识。反思一下我们的教学，是不是过高地追求了"准确率"、过多地依赖"课本"？死磕在"鸡兔同笼"的问题上，是孩子们未来所需要的吗？作者以数学中的"二次方程"为例，几乎所有的人在学校都学过"二次方程"，

但是在日常生活中我们真的会用到二次方程吗？很少，少到几乎没有。学了不用，这种知识应学习吗？如今大数据被广泛地应用在我们周围，对人们的决策起着至关重要的作用，那么是否可以增加"统计与概率"的知识呢？换句话说，学习的内容是否要更"具有生活价值"呢？这也要求教师调整教育目的：教学，是让学生能更好地为将来的生活做准备！

珀金斯教授还进一步强调：值得学习的知识应该有助于培养学习者对全局性的理解，也就是对所学的知识能进行全面的、生动灵活的理解，能透过现象看本质，能触类旁通，能很好地应用于实践。怎么才能让孩子深入地思考一个东西？怎么才能让孩子产生对某一个概念的全局性理解？最好的方法是让他们讨论。例如，世上没有懒惰的人，当一个人拖延、懒惰的时候，你不应该批评他拖延和懒惰，而是应该带着他、邀请他和其他人在一起讨论一个话题，即人为什么会懒惰，懒惰会有什么问题，以及我们怎样去解决懒惰。从全局上去理解，从而帮助学生解决懒惰的问题。生活中90%是用不到全局性理解的，这时候用的是配方知识。一个具备全局性理解的人有三个重要的优势：第一，定向——遇到任何状况，都能做出自己的智力判断，确定自己的方向，不会随大溜。第二，慎思——审慎地思考问题，而不是轻易地得出一个心血来潮的结论，或者是用特别不具有科学性的、迷信的归纳法简单总结出一个结论。第三，深入学习——它和一劳永逸的学习是不同的，它需要不断地跟踪学习和思考。

除全局性的理解外，作者还认为值得学习的知识应该是开放性问题。作者提到的一点很重要，就是让学习者负责提问。这实际上是将学习的责任交还给学习者，能提出好问题本身就是检验学习者学习能力和对知识掌握水平的一种标志。另外，所有开放性问题要解决好的话，必须有好奇心的支持。教育工作者就是要点燃学生的学习热情，然后让他们去寻找、去探索，他们会给出令你非常惊喜的答案。所以一定要利用开放性的问题来鼓舞和调动学生的好奇心，因为学生的好奇心是会逐渐消失和被磨灭的。

所以在教学的过程当中最好的方法是基于问题的方法、基于案例的方法、基于项目的方法，以及工作室学习的方法，这都会让孩子特别有成就感。

这本书里有两个非常棒的带有生命力的问题。第一个问题：假如不是呢？这个问题可以引起很多人的深入思考。第二个问题：真正的问题是什么？这个问题往往可以起到拨云见日的作用，然后会让大家深入发现这个问题原来有着文化冲突、社会差异，等等。

我们需要以一种"未来智慧"的新视角来看待教育，在教育中既关注已知，又关注未知。在今天这个复杂而多变的世界中，努力培养孩子的好奇心，启发其智慧，增进其自主性和责任感，引导他们积极、广泛、有远见地追寻有意义的学习。

学做一个完整的人

　　读大师故事，品大师智慧，悟人生哲理，通读《文化的盛宴》这本书就是一次文化思想的卓越旅程。该书精选了梁启超、王国维、辜鸿铭、蔡元培、陈寅恪、胡适、夏丏尊、李叔同、鲁迅、闻一多、徐志摩、陶行知、郁达夫、朱自清、林徽因、丰子恺、梁实秋等大师的相关文字，一段文字代表一段人生，代表一段历史，从不同角度反映了大师们的人生观、价值观以及历史观。作品字字珠玑，充满智慧、哲思，堪称一场大师会聚的"文化盛宴"。

　　书中收录了教育家陶行知的一篇文章——《学做一个人》，学做一个人，就是要做一个整个的人，别做一个不完全、命分式的人。行知先生希望诸君至少要做一个人，至多也只做一个人，一个整个的人。做一个整个的人，有三种要素：一要有健康的身体。身体好，可以在物质的环境里站个稳固。二要有独立的思想。要能虚心，要思想透彻，有判断是非的能力。三要有独立的职业。为的是要生利。生利的人，自然可以得到社会的报酬。行知先生曾作了一首白话诗，说人要有独立的职业："滴自己的汗，吃自己的饭，自己的事自己干，靠人、靠天、靠祖先，都不算英雄好汉。"我觉得这几句话，任何人都应该牢记，它告诉我们在以后的道路上，应该用自己的双手来创造财富，不应该寄希望于父母、朋友甚至其他人，即靠人不如靠己。父母，终有离我们远去的一天，朋友也有自己的事要忙，没有人会把所有的时间花在我们身上。别人给你的东西，他随时可以收走，但如果是你自己的，它就永远属于你。我想行知先生说的就是做一个完整的人，有一个全部的自己，做一个真正的自己，在生活中保持一个真我。

书中还收录了朱自清先生的《论气节》。在这个世界上有一种品质，它代表了坚持正义；有一种品质，它会使所有坏人战栗；有一种品质，它在任何的高压下都不会轻易屈服。这种可贵的品质便是气节。朱自清在书中写道："冯先生指出，气节的两种典型，一是忠正，一是清高之士。"他说，后者往往为了气节而成为为节而节的虚无主义者，结果往往会变了节。他又说士节是人生的一种坚定的态度，是个人一直独立的表现，因此也可以成为为了人民的叛逆者或革命家，但是这种人物的造就或完成，只有在后来的时代，如我们的时代。

这不仅让我想到了一个人，就是那个高呼"横眉冷对千夫指，俯首甘为孺子牛"的周树人。在那个风雨如晦、黑暗如漆的年代，他用一支笔划破寂静沉重的天空，给独自奔跑的战士以心灵的慰藉，给麻木冷漠的中国人以警醒和告诫。其实那时的他，作为一个医生，本不必担负时代的重任，但他有强烈的民族气节，迫使他用矮小的身躯扛起了它。因为他不愿看到自己的民族就此沉沦，他不愿看着自己的同胞就此愚昧麻木地过活。莎士比亚说过："在命运的颠沛中，最可以看出人们的气节。"我认为在国家危难和利益前，最可以看出人们的气节。气节是一种人生准则，一种道德修养。

此外，《文化的盛宴》这本书还精选了近代国学大师、科学家、哲学家们不同视角下的人生观、价值观、世界观。张伯苓、蔡元培、王国维等教育大家引导我们如何做一名教育者，冯友兰、闻一多先生教导我们如何读书、做学问，梁启超、华罗庚教育我们如何在风雨飘摇的困境中坚持自我……

读书，学做人，做一个完整的人，做一个有气节的人。

教学需要细致化

——读《小学数学课堂教学案例透视》有感

在别人看来，教师的工作尤其是小学教师的工作是极其简单的，没有专业性可言，似乎任何一个认识字的人都可以胜任。

我之前也是这样想的，没有复杂的专业词汇，没有专业的技术操作，和医学、法学不能相提并论，只要站在讲台上，粉笔一挥，说几句话，学生定然明白。

现在看来，这项工作并不简单。因为教师真正面对的是正在成长的儿童，从这一点上看，教师的专业性就是运用教育学、心理学的专业知识从儿童视角出发设计教学的"育人"工作。

为什么在数千万的教师群体中，优秀的专家级教师占极少部分？原因之一就是大部分教师无法站在学生的角度思考教学，在倡导学生深度学习的今天，有多少教师在课堂上仍然以自己为主体去向学生"传授"知识？普通教师和专家级教师的差别到底在哪里？通过读这本教学案例，我明白了：导致差别化的不是智商和天赋，而是对待教学的细致化程度，教学细致化程度越高，对学生钻研的程度越深，越能站在学生视角想问题，也想得更全面，同样自己所要学习的东西就越多，教学成长的速度就越快。我

认为细致化教学需要做到以下几点。

一、教学计划与设计的细致化

教学前的准备工作需要细致化，陶行知先生说"教学有法，教无定法"，教课没有固定的模式与套路，但教学可以有教师的风格和特点。在细致化的教学中更能找到自己的教学风格，并非所有新课都要根据范文教案按照传统的"五步教学法"来实施。

首先，我们面对的是儿童，备课的出发点和落脚点都应是学生本身，应根据儿童的特点设计教学。这就需要我们多思考、多观察，设计出符合儿童自身发展需求的独一无二的教案。

其次，建构主义理论的观点认为学生不是空着脑袋走进教室的，所以，教学时不能无视学生的这些经验，而是要把学生现有的知识经验作为新知识的生长点，引导学生从原有的知识经验中"生长"出新的知识经验。随着时代的发展，此时学生的经验与过去学生的经验有很大差异，这就需要我们做更细致的课前调研（前测），搞清楚学生知识的生长点在哪里。

这就需要我们做到：第一，设计教案时要清楚本节课的重点难点是什么，学生会从哪里迸发出不同的想法，这时教师该如何引导，所以设计教案时需要多路并进，而不是一条线路的独木桥；第二，在学生不易理解的知识和方法上，教师更应该多花心思去研究，详细地备出这部分教案，采用如小组讨论、师生问答、实物操作等方式，让学生在充分地感知、体验的前提下，真正理解所学的知识，增强内心成就感。

二、课堂控制与调节的细致化

在课堂上，教师不应该自己拿着教案唱主角，而应该以细致入微的洞察力去发现和倾听每一个学生的发言，调动课堂氛围，通过学生的质

疑和发现将知识点讲解得更透彻。比如杨老师的《万以内的加法和减法（一）》一课中，当讲完新课进入练习阶段时，有学生举手提问能不能从高位减起。杨老师并没有立刻否定，而是很认真地对学生说：看起来很有研究价值，请大家来说一说。杨老师抓住了学生的疑问，引导学生再次去探究。这一节课学生收获的不仅是知识，还有老师给予的质疑的勇气。做到课堂的细致化，需要教师转变观念，加强自身的学习和提高，要求自己有敏锐地发现学生的创新意识并及时地加以鼓励的能力，我们任重而道远。

三、自我反思与评价的细致化

课后的反思需要细致化，一堂课不仅需要他评，更需要自评。斯苗儿老师认为反思可以从以下几个方面写起：教学目标是否达到，如果达到，标志是什么；事先设计的进程与实际是否有差距，如果有，是如何处理的；教学中还存在哪些问题，哪个问题最为关键，后续教学如何解决这些问题；教学中最深刻的事件；等等。教师只有在前期真正去思考如何设计教学，只有在课堂中真正有意识地去关注"不同的声音"，反思才会有话说。反思自己是否备课之前总是习惯性地拿出课本和教参或是几篇别人已经写好的教案作为参考，久而久之，自己的想法越来越少，对外界的依赖越来越大。不仅没有了创新，还忽视了学生的感受。这样教学的反思只有悔悟。

这样看来，专家级的优秀教师和普通教师的差别在于一个只是在教书，听不到学生的声音；一个在育人，始终站在儿童的视角想问题。差之毫厘，谬以千里。从现在开始，把教学工作的前前后后"细致化"，通过点滴的积累，我们也可以一步步登上大师的台阶。

聊聊《平凡的世界》

　　我是无意间和朋友说起要读《平凡的世界》，他大加赞同。知他痴爱读书，有了他的推荐，我誓将这部大书啃下。

　　每读完一部分，我便想与他聊聊，可他总是一句：等你全部读完再说。我只好作罢，更集中精力埋头读书了。终于读完了，如释重负，但紧随其后的是一种压抑。倒不是故事所致，而是心中有千万语，却理不清，更吐不出。我想，多是因为小说内容给我的震撼太多，让我一时无法消化吧。只能默默等待时机，会有个突破口让我疏泄这一切的。

　　因为欲理还乱的思绪，我丧失了发言的主动权，便只能倾听。朋友十分有趣，先以公务员面试的角度阐释了这部小说。起初我不屑于一听，心想不过是大而空的套话，但我实在是低估了这个业余时间辅导学生参加公务员面试的家伙。我惊讶于他高度凝练的概括力和从全局角度对孙少安、孙少平兄弟的形象分析以及润物细无声地与当下、与考题结合的巧妙。相形之下，我对这部书的认识和感受只是一个个细碎的点，渺小而凌乱。

　　我自然不甘心只听这些"宏大叙事"。"小说中让你印象最深的是什么？"我指向了具体。"少平的高中生活，"他低沉了，"准确地说是打

饭的情形。"我心头一惊，想到他是自农村考出来的，我不忍心也不敢再问什么。他没有具体告诉我他的中学时代比之少平如何，但我想，大概只有经历相似，才会产生强烈共鸣，从而印象深刻。

"《平凡的世界》是为数不多的、让我不敢看第二遍的一部书。"他说。我十分惊讶，他只看一遍，却能将很多情节回忆得如此清晰、准确。他告诉我，因为在少平身上他看到了自己的影子。"包括爱情？"我不免这样想，但没问出口。"你一再说这部小说有个败笔，可以揭秘了吧？"我转移了话题。

"那就是孙少平和田晓霞的爱情。"我大惊。我一度觉得纯真美好的爱情描写，怎么就成了败笔？我不解。他认为，少平和晓霞并没有相爱的基础，如何就爱成那样了？"这不真实，"他说，"只是路遥的一厢情愿，是他内心的渴盼罢了。"他认为少安和润叶的感情是使人信服的，因为他们青梅竹马；而少平和晓霞，只是一起看看报、读读书，实际生活、家庭环境相去甚远，是不应该也不可能爱在一起的。至于最后将田晓霞写死，也是路遥自觉无法收场的下策……

起初，我好像被朋友的观点说服了。我再次翻书，只为寻找这两个年轻人爱情的蛛丝马迹。从第一部第二十五章，作者开始了对少平和晓霞交往的描写，也是自此，少平和晓霞成对地出现在读者视野中。

"他被这个女孩的个性和对事物非同一般的认识强烈地吸引了……对晓霞则是一种从内心产生的佩服……"书中这样写道。

这是符合爱情产生的规律的呀！完全新鲜的、仰慕佩服的，对于高中生来说，这已具备了朦胧爱情产生的要素。突然想起一句不知出处的心灵鸡汤：好的爱情让人看到全世界，糟糕的爱情让人放弃全世界。晓霞不正是少平看到全世界的那扇窗吗？

并非所有感情的产生都依赖于日久生情，一见钟情的例子不也比比皆是吗？并非所有感情的产生都遵循门当户对，王子与灰姑娘不也相爱了吗？而爱情一旦拉开序幕，就不再听凭理性控制了。窗户纸没有捅破时的欲说还休、暧昧猜疑是恼人的，表明心迹后的耳鬓厮磨、爱而不得同样熬人，却又欲罢不能。这是众生的爱情，少平和晓霞也是这么一路走过来的。既然这样，他们的爱情怎么会不真实，所谓"缺少基础"的说法，我觉得不攻自破。我不免以小人之心猜度朋友，怕是你学生时代没能如愿地遇到爱情，所以才这样悲观和"反感"他们吧！为你遗憾，你没能遇上如晓霞般爽直自信、勇敢多情的女子……

对于田晓霞的结局——在洪水中因救人而牺牲，我觉得既是路遥无可奈何的选择，又有他的主观意愿。这看似矛盾。从客观上说，晓霞的死可以回避很多现实的问题：如二人想要结合需要面对的重重困难，二人生活境遇的天壤之别是否能婚姻幸福，等等。但我们不能武断地认为路遥为此而写死晓霞，那是对大师的亵渎。我想，在二人对爱情和美好无限憧憬时、相爱情浓时让晓霞死去，反而成全了这段罗曼蒂克的爱情。做过干花的人一定知道，在鲜花尚未全开的姣美时刻残忍地将其倒挂、风干，制作出的干花才最美。也正因为成了干花，花之美才得永恒。同样，少平和晓霞的爱情也永恒了。如若不然，他日情变、婚变，那一定是让路遥和读者沮丧的。所以我不免觉得，晓霞的结局是路遥的真情选择。至于要以为救他人而壮烈牺牲的方式死，是不是也带有"圣母"情结呢？"圣母"是朋友对润叶形象的解读。

朋友认为，润叶是作者心中理想女性的化身。她对少安乃至双水村贫苦农民的爱，是无私而博大的；在丈夫双腿截肢的情况下她毅然回到他身边，并以爱呵护，这都显示了其圣母一般近乎神圣的博爱与包容。我对此认同。起初，我实在不能理解润叶的前后举动，甚至反感。现实中哪会有高尚至此的女人呢？直到听到"圣母理论"，才解答了我的疑惑。再回到晓霞壮烈的死法，是不是也含有这种"圣母"情结的诱导呢？伟大无私、博爱包容。这些只是我的臆想，没能和朋友探讨。

　　《平凡的世界》带给我的震撼和思考远非这些，但我无可奈何，表达一旦开始，表达的思绪和内容不再完全受我控制，思维会自动地筛选、取舍，形成眼前的一切。并非被刷下去的都是不好的、不值得被记录的，而是于这段自成一线的思维来说，它是多余的。

　　从这个角度联想开去，路遥按照设想创造出人物形象，但也许随着思维和故事的发展，笔下的形象不再受其控制；相反，路遥被人物牵着走，进而故事的结局也不是路遥所能左右的。资料显示，路遥曾在写完田晓霞结局之后向弟弟痛诉："我把晓霞写死了。"除了对人物的不舍，是不是也含有不受控制的遗憾呢？

　　有些问题，也许我们永远得不到答案，恐怕连创作者也很难说清！但也正是这些问题构成了作品的魅力和艺术创作的魅力吧！

道阻且长，行则将至

"当年我为了生活走上这三尺讲台；今天，我离开这三尺讲台则一刻也无法生活……"刚拿到《与讲台同在》这本书时，封面上的这句话吸引了我，但实在觉得贾老师所言过于夸张，对于热爱教育事业的人来说，讲台固然重要，但较之生命，其重要性还相去甚远。读罢这本书才明白，正如于漪老师所说："全身心投入，用生命歌唱。"贾老师的教学生涯淋漓尽致地诠释了他真的是在用生命谱写教育的绝唱。

看这本书实在是不过瘾，越看越想看，越看越想多看一些、再多一些。尤其第二部分"课堂记忆"中只有四节贾老师的教学实录，在这四节课中，我深深地被贾老师的教学艺术、人格魅力吸引。贾老师的课堂中，对学生的评价极为精练，一针见血，且渗透着对学生的鼓励、对问题的发掘，同时不乏幽默的语言。他的评语几乎很少重复，而且总能激发孩子的表达，这需要有极好的教育智慧和语言功底。他的课一看就知道不是背教案，而是紧扣教学目标，根据课堂实际引导孩子在充分的思考与表达中达到教学目标，而且有特别多生成的东西，这不是仅靠备教案、背教案就能达成的。而且，在贾老师的课上，最闪光的永远是孩子，而不是教师，几个简单的问题层层递进，使教学目标在孩子们的积

师说数语
—— 一位小学数学教师的思与行

极参与下达成，一节课结束后，孩子们也收获良多。这才是一个真正的教师的教学魅力，这需要教师有极大的知识储备、极高的教学智慧、极强的语言掌控能力，并怀以极大的爱去倾听孩子。这些是所有教师必备的，是我亟须学习的。

在"教海拾贝"中，我了解到贾老师的经历，包括他的人生经历和教学经历，贾老师曾是"文化大革命"的受害者，他被学校当作"坏典型"教育孩子，不知被批斗了多少次。即便如此，他也没有失去对生活的热爱和对教育的痴迷。他在学生身上倾注了无尽的情感，寄予学生殷切、美好的人生希望。他的内心涌动着对孩子的热爱、对教育事业的激情。他善于发掘生活中的素材，让孩子多表达、多练写，用实际行动在还语文之本真。

在"亦师亦友"中，我了解到贾老师是那么谦虚的一位老师。他愿意称小他30余岁的年轻人为老师，他赞美每一个好学勤奋、勇于追求教育真理的教师。同时在贾老师笔下的这些优秀教师中，我深深地体会到，一位真正的教师，需要不断地读书学习，使自己的语文功底更加深厚；不断地在课堂中实践，使自己有更多的课堂经验；不断地反思自己的教学，在反思中"知不足而自强，知困而自强"，在学习、实践、反思中不断成长。就像吴琳所言："在语文教学的路上，我们仿佛置身于茂密的原始森林，那里没有现成的路，必须靠自己去寻找，开辟出一条路来。但走着走着，我们便会发现一个脚印，一块用过的柴，一个刻在树上的记号。于是，我们知道了，曾经有一些相似的灵魂在这森林里行走，我们的灵魂特立独行，却不会形单影只。"

"溯洄从之，道阻且长"，作为一名小学教师，我热爱教育事业，热爱三尺讲台，热爱教室里渴求知识的孩子们。我也深知，在教学上，自己还有太多需要进步、需要学习的地方，距离优秀教师甚至一名合格教师还

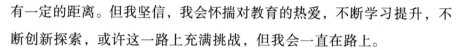

有一定的距离。但我坚信，我会怀揣对教育的热爱，不断学习提升，不断创新探索，或许这一路上充满挑战，但我会一直在路上。

"道阻且长，行则将至。"

像于漪老师那样，"一辈子，学做老师"。